玉汇中国

山西史前玉器

Exploration

of

Prehistoric

Jade

in

Shanxi

山西博物院编

郭智勇　著

山西出版传媒集团

三晋出版社

序

　　"文物承载灿烂文明，传承历史文化，维系民族精神，是老祖宗留给我们的宝贵遗产，是加强社会主义精神文明建设的深厚滋养"。山西位于黄河中游，是中原农耕文化和北方草原文化交汇区域。特定的地理位置和多元的文化交流，为三晋大地留下了丰富的历史文化遗产。山西现有不可移动文物53875处，其中全国重点文物保护单位531处。国有馆藏可移动文物320万件（组）。这些光彩夺目的文物，恰如散落在黄土地上的点点繁星，折射出华夏文明的璀璨光辉。

　　近年来，山西博物院坚持"保护第一、加强管理、挖掘价值、有效利用、让文物活起来"的新时代文物工作方针，不断加强馆藏文物研究，坚持深入挖掘和阐释文物中蕴含的时代内涵和精神价值，出版了系列研究成果，《玉汇中国——山西史前玉器》即是其中之一。编者通过对山西发现的史前庙底沟二期至龙山时期玉器的质料、形制、功能、源流等进行相关研究，完善了史前中国玉文化的分布框架，明确了史前时期玉石之路山西段的历史地位，促进了对山西史前文明起源阶段相关问题的认识。

博物馆的职能是向公众传播文化,将科研成果合理转化,为文化传播服务,这也是博物馆人的职责。进入新时代,站在新起点,作为三晋文化的传承者和引导者,山西博物院将认真贯彻相关文物政策,"让收藏在博物馆里的文物、陈列在广阔大地上的遗产、书写在古籍里的文字都活起来";将继续坚持把社会效益和公众需求放在首位,着力打造真正的"艺术展示殿堂,学生学习课堂,民众休闲乐园";将充分释放文物资源潜能,充分挖掘文物价值,使文物博物馆事业成为促进经济社会发展、彰显地域魅力、提高人民生活质量的重要内容和有力支撑,在奋力谱写全面建设社会主义现代化国家山西篇章中展现更大作为!

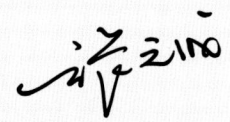

目录

Contents

玉器类型

制作工艺

相关问题

绪论

玉器有广义和狭义之分。东汉许慎在《说文解字》中称"玉，石之美者"，夏鼐先生也曾指出"玉在中国古代文献中，是指一切温润而有光泽的美石"，这长期以来被认为是广义的玉概念。近现代的矿物学上仅仅把软玉（透闪石、阳起石）和硬玉（翡翠）称之为真玉，其他类的美石则不能称之为真玉。真玉是狭义的玉概念。矿物学的概念是近些年才开始出现的，古人并没有这一认识，所以他们选择"玉"时不是从真玉的角度出发，而是选择"石之美者"。除了软玉（硬玉到明清时才开始使用），绿松石、大理岩、孔雀石、蛇纹石、蛋白石、水晶、玉髓、煤精石、燧石、汉白玉、石英等美石也是古人选择的对象。本书涉及玉料区分时，将软玉类美石称之为玉，而将其他美石类器物称之为石器，同时出现时称之为玉石器。不区分质料时，暂时统一称之为玉。

中国史前玉器最早出现于 7000 多年以前，距今 5000~4000 年，这一时期呈现出空前繁荣的局面。盛行葬玉之风，大量使用玉器随葬，是这个时期显著的特点。山西地区的史前玉器作为中国史前玉文化的重要组成部分，以其繁多的种类、精湛的工艺以及在原始宗教礼仪上的神圣功能，成为玉文化发展史上的精彩篇章。山西地区的史前玉器主要发现于陶寺遗址、下靳墓地、清凉寺墓地、坡头遗址、碧村遗址等，主要类型有钺、璧、刀、璜等。制玉工艺普遍使用管钻技术和较高的抛光技术，制作较为精美，已经达到相当高的琢制水平。

　　这一时期，中国各地考古学文化的互动更为频繁和复杂。晋南地区处于传统的中原地区，在文化交流中具有重要的中转作用。著名考古学家苏秉琦先生在《迎接中国考古学的新世纪》一文中概括说："大致在距今4500年左右，最先进的历史舞台转移到晋南。在中原、北方、河套地区文化以及东方、东南方文化的交汇撞击下，晋南兴起了陶寺文化。它不仅达到了比红山文化后期社会更高一阶段的'方国'时代，而且确立了在当时诸方国群中的中心地位。它相当于古史上的尧舜时代，亦即先秦史籍中出现的最早的'中国'，奠定了华夏的根基。"这一时期，大量不同风格、不同质料的玉器开始在这里汇聚、融合与传播。

　　山西地区史前玉文化在与周围地区原始文化的交流中，不仅吸收了一些先进的文化因素，同时还积极影响周围地区其他文化，扩散和传播自身先进文化的优秀成果，相互融合，共同创造了中华民族光辉灿烂的古代文明。从文化属性和来源上判断，山西史前玉器可能与同时期或略早的大汶口文化晚期、良渚文化、薛家岗文化、海岱地区龙山文化等曾有密切的文化交流，后又经吸收、融合，创造出自身的特征。"在山西南部形成一个新的玉文化中心后，又对黄河以西的陕、甘、宁、青等地区产生了大的冲击"，具体表现为玉料由西向东的逐步扩散以及工艺与器型自东而西的渐进传播。也正是由于这种相互交流，各个区域的玉器文化均呈较为发达的状态，为中华文明起源的多元化提供了强有力的注脚。而后随着夏王朝在中原地区的建立，各区域的玉器文化也逐步融入一体的中华文明之中，从而很好地诠释了中华文明的多元一体范式，并对后世的中国玉文化产生了重大而深远的影响，在我国古代文明进程中发挥了重要作用。我们将山西史前玉器的文化特征概括为"玉汇中国"，也正是基于上述认识和判断。

发现概况

玉汇中国

清凉寺墓地 [1]

清凉寺墓地位于山西省芮城县东北部,隶属于寺里—坡头遗址,南北最长处约 100 米,东西宽 30 ~ 90 米,总面积近 5000 平方米。经 2003、2004、2005 年三次发掘,清凉寺墓地共发掘 355 座墓葬。墓葬排列有序,南北成行,东西成列,同时也存在着比较复杂的打破关系。有随葬品的墓葬约占 1/3,其中发现的随葬品最多的是玉石器,随葬玉石器的数量 1~15 件不等,包括玉璧、玉环、石刀、玉石钺、石琮、小玉饰等,放置在头部、臂上、下腹部和其他位置。可分为四个时期,第一期较早,代表的是仰韶文化早期,第二期的年代属于庙底沟二期文化晚期阶段,第三期和第四期墓葬全部属于龙山文化的范畴。

清凉寺墓地出土了 247 件玉石器,其中属于第二期的有 155 件,属于第三期的有 85 件,属于第四期的器物仅有 7 件。

第一期墓葬分布比较分散,绝大部分位于墓地的西部,整体从西北经西端到西南部呈环形分布,个别墓葬在中部靠西的区域。墓葬皆为小型的长方形土坑竖穴墓,规模仅可容身,墓坑长约 2 米,宽仅 0.3~0.5 米。墓主人全部为一次葬,以仰身直肢者为主。墓葬均不随葬任何器物。

第二期墓葬共 189 座,均为长方形土坑竖穴墓,墓位排列不太规则。墓葬方向大致为东西向。绝大部分墓壁和墓室都保存比较完整,但被第三期墓葬打破的现象十分普遍,有些墓葬仅保存了不同部位的部分遗存。在本期墓葬的随葬品中,玉石器的数量最多,虽然器物的种类较少,但组合比较固定。主要器类有钺、单孔或双孔

清凉寺墓地发掘现场全景

清凉寺墓地第二期典型墓葬图

❶ M4　❷ M27　❸ M54　❹ M46

清凉寺墓地第三期典型墓葬图

❶ M53　❷ M30　❸ M48　❹ M50

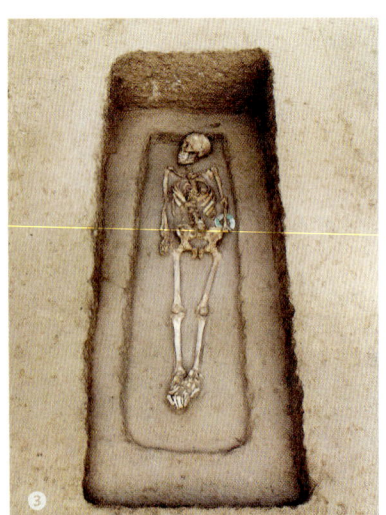

❶ M201　❷ M275　❸ M276

清凉寺墓地第四期典型墓葬图

石器、多孔石刀、璧与环等，其他小件器物极少。

第三期墓葬共 105 座，绝大部分是竖穴土坑墓。墓葬方向大致为东西向。与第一、二期墓葬相比，本期墓葬的个体面积总体较大。在与第二期墓葬分布区域重合处，许多墓葬打破了第二期的小型墓，但本期的墓葬之间没有任何打破关系。墓葬均较深。与第二期相比，本期墓葬随葬玉石器较普遍，其中琮、牙璧、方形璧、六边形凸沿筒状器、多片连缀的大型玉璧及动物头状饰品等，都是这一时期具有代表性的器物。圆形环、璧和多片连缀而成的联璜环、联璜璧仍旧是数量最多的器物。

第四期墓葬共 44 座，虽然略有差别，但大致为东西向，墓主人头向全部向西。本期墓葬随葬品很少，只在个别墓葬中发现了少数玉石器。少量墓主人臂或腕部有玉石器。玉石器的种类较单纯，主要是璧、环、镯类器物，只有 1 件小饰品。

清凉寺墓地发现的墓葬以随葬玉石器、殉人为特色，随葬品显现周边各种文化因素，反映出当时中原地区可能正在发生一次大规模的文化变革。清凉寺墓地的发现为学者认识以陕、晋、豫交界地区为核心的中原史前文化发展历程提供了重要的资料，对研究中国文明的起源和历程等学术课题具有重要意义，引起了学术界的高度重视，被评为 2004 年度"全国十大考古新发现"之一，并获 2003—2004 年度国家文物局田野考古三等奖。

参考文献：

[1] 山西省考古研究所,运城市文物工作站,芮城县旅游文物局,等.清凉寺史前墓地[M].北京:文物出版社,2016:638.

陶寺遗址 [1]

      陶寺遗址是黄河中游地区以龙山时代陶寺文化为主的遗址，位于山西省襄汾县陶寺村南，绝对年代为公元前 2300 年—前 1900 年之间，可分为三期。陶寺早期为公元前 2300—前 2100 年，陶寺中期为公元前 2100—前 2000 年，陶寺晚期为公元前 2000—前 1900 年 [2]。同类遗址在晋西南汾河下游和浍河流域已发现 70 余处。陶寺遗址对探讨中国新石器时代晚期的社会性质、国家产生的历史及探索夏文化都具有重要的学术价值。

      1978—1987 年，中国社会科学院考古研究所与临汾地区文化局合作，对陶寺遗址进行了大规模发掘，揭露了一批普通居址和一处墓地。居址中仅发现个别大理石、蛇纹石玉、环类残件。共发现墓葬 1379 座，实际发掘 1309 座。随葬玉石器的墓有 220 座，占发现墓葬总数的 16.8%，在有随葬品的 357 座墓中占 61.6%。此外，尚有 9 座墓的填土中曾发现玉石器。墓室内随葬品与填土中出土品两项合计，出土玉石器的墓应为 229 座。随葬的玉石器包括磬钺、钺形器、戉、圭、璧、复合璧、环、璜、琮、双孔刀、铲、斧、锛、凿、研磨盘和研磨棒、刀、镞、梳、笄、组合头饰、项饰、臂环、镶嵌腕饰、指环、指套、头部玉石饰件、其他零散玉石饰件等 28 类，凡 815 件（组）；按复合璧、研磨器、组合头饰、其他头部饰件及项饰所含单件计算，共 1019 件；还有镶嵌在头饰、腕饰上的绿松石饰片约 950 件。80 余座墓葬出土玉石钺近 100 件，绝大多数出自男性墓中，女性或疑似女性墓中出玉石钺者仅 5 座。玉圭（或称戚）5 件，仅见于墓葬。璧 80 余件，男性墓居多，多平置于手臂

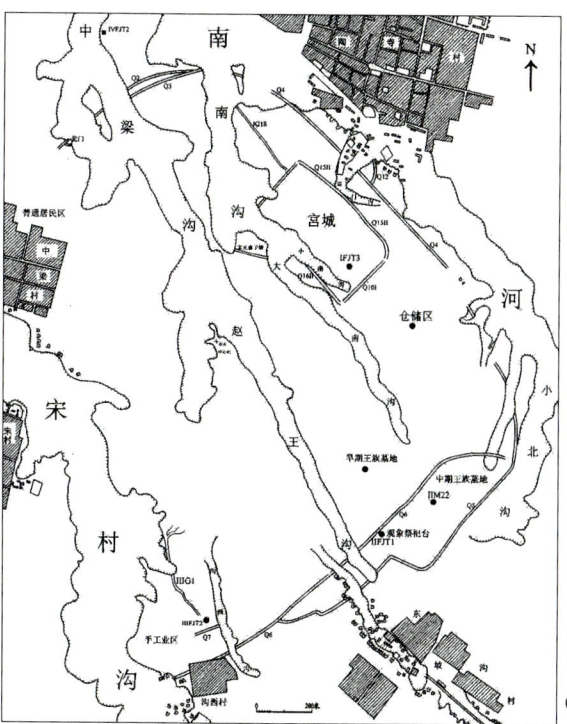

❶ 1984 年秋陶寺墓地二、三区发掘现场　❷ 陶寺城址平面图

上，少数套于手臂、平置在胸腹上或压在臂下。琮 13 件，仅见于墓葬，以男性墓居多，多平置在臂上，或套在右臂上，个别平置于胸腹间 [3]。

1999—2001 年，发掘者确定了陶寺文化中期城址，城址呈圆角长方形，东西长 1800 米，南北宽 1500 米，面积 270 万平方米，是中原地区龙山文化遗址中规模最大的遗址之一。2001 年，在试掘陶寺中期大城北城墙的过程中，在城外西北陶寺晚期小型墓地的一座小墓 M11 里发现墓主的手臂上套着由一件铜齿轮形器和一件玉璧组成的饰件，胸前放置一件玉璇玑（也称为"牙璧"）[4]。

2002—2003 年，发掘者在陶寺中期城址内的东北部确定了陶寺文化早期城址（约公元前 2300—前 2100 年）。早期城址内南北长约 1000 米，东西宽约 560 米（从 Q4 至中梁沟东岸），面积约 56 万平方米。陶寺遗址的下层贵族居住区域位于陶寺早期城址内的正南，出土了 8 件玉石器，其中石器 7 件，有环 5 件、钺 2 件。除 1 件石环完整外，其余均残断。玉器仅有 1 件残璜（IT3402F6∶1），出土于小型半地穴式房子 IF6 的地面上，其余 4 件石环和 2 件石钺出土于灰坑，2 件石环出土于地层 [5]。

陶寺遗址的宫殿区位于陶寺早期城址内东南部。宫殿区出土的玉石器在清理 IFJT3 建筑基础及其主体殿堂建筑柱网结构过程中发现，总计 19 件。玉石器中，玉器 8 件，包括璜 2 件、玉片 2 件、璧 1 件、凿 1 件、珠 1 颗、绿松石 1 片。大理石类美石器 10 件，包括钺 4 件、璧 2 件、石饰 2 件、璜 1 件、环 1 件。普通青石质石厨刀 1 件。

IFJT3 主体殿堂建筑基础范围内人牲奠基用玉情况：大理石璧

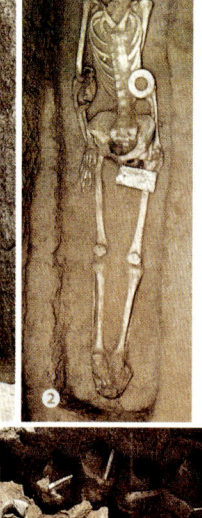

IT5023H50：1被有意打碎后乱扔在填土内夯实，坑底有散乱的人骨。玉璧ITG29M14：1出土时套在人牲的左臂上。IT5023M11的墓主人双膝以下缺失，其右耳际下出土1颗绿松石珠；腹部平置1件石钺，石钺上叠放1片玉片，玉片上叠放1件残玉璜，石钺横向断裂；人骨架的腰部出土1件玉凿的刃端。

宫殿废弃堆积里的玉石器情况：在ⅠFJT3的废弃堆积里出土了11件玉石器，其中8件出自灰坑，3件出自地层。这11件玉石器中，玉器3件，即残玉璜1件、磨制玉片1件、绿松石片1件；石器8件，即钺3件、石饰2件、璜1件、璧1件、环1件。

陶寺中期王级贵族墓地位于陶寺中期大城外东南部[6]，出土玉石器总计141件（套），其中石器12件，包括钺4件、大厨刀4件、璜2件、石饰2件；玉器包括软玉、绿松石和天河石宝石类129件（套），其中软玉可达29件（套），天河石制品5件，绿松石数量最多（有的可能多件属一件串饰），多达95件（套）。

中期大墓ⅡM22墓圹为圆角长方形，开口长5米，宽3.65米。ⅡM22除棺室被扰乱以外，墓室里棺周围的随葬品没有扰动痕迹，出土随葬品72件（套），其中玉石器18件（套）。东壁正中中腰部位放置一具公猪下颌骨，在稍下靠近东壁底部，紧贴墓壁左右各倒立摆放3柄玉石兵礼器，均带有粉红底白彩彩绘漆木短柄，柄背带扉棱。公猪下颌骨左侧摆放2件玉钺、1件玉戚。其中玉钺ⅡM22：6，糖色，弧刃，尾端有一圆孔。玉钺ⅡM22：9，玉色月白，杂大量松花状铁锈斑纹。玉戚ⅡM22：2，玉色青白，偏刃，尾端有一个大圆孔。猪下颌右侧摆放2件大理石钺、1件玉钺。这6件玉石兵器刃部没有开，呈钝锋，没有使用痕迹。罗明先生认为ⅡM22

东壁中央公猪下颌南北两侧两组各3件玉石兵器，很可能就是《周易·大畜》所谓"豮豕之牙，吉"的表现形式，表达"成而不用""修兵不战""威慑制暴""崇尚文德"的意识，进而推测，刻意在墓葬中表达用兵治国的政治理念，墓主人当是既掌握强大的兵权和军事力量，又负有治理国家之责的政治家[7]。

ⅡM22东南角壁龛内放置1件漆盒，内盛2件玉戚、1件玉琮。其中玉戚ⅠM22∶128，玉色糖色，呈长条锛形，偏刃，尾端有前后两圆孔。玉琮ⅡM22∶129，玉色青白，上下的射部被裁掉磨平，中部圆孔也不甚周正。

东北角墙根壁龛内主要放置一个大漆箱子，箱子口上平置两组玉璜形佩饰，分别用黑色皮带联缀。每件玉璜厚约0.3厘米，是用同一块玉料开片出来的，玉色月白，带褐色斑瑕。璜形佩上端有孔，用于系带，下端为矩形缺口，背有"M"形扉棱，整体形态仿龙。漆箱子背后中部出土两件一组叠放的玉璜，玉色月白，同一块料开出，每件玉璜两端各有一孔，尾端也有矩形小缺口，背与内缘皆有"M"形扉棱。箱子背后东北角上出土一对玉兽面，出土时背贴背。两件玉兽面大小一样，造型相同，用同一块料开出，月色乳白，双眼镂空，底部有一个小圆穿，整器正面凸、背面平。正面有纹饰，有外轮廓线、竖眉线和鼻梁线。两器唯一的差别是一件为阳纹减地线条，另一件则是阴刻线纹，表现出一阳一阴的立意。从总体组合上看，ⅡM22墓室东北角墙根壁龛大漆箱顶部与背后的玉器没有玉兵礼器，可能都是服饰用玉，可称为服玉，应当是特殊礼服上的服玉。

ⅡM22墓室北壁墙根壁龛里放置一件彩绘小口折肩罐，口上盖1件大孔玉璧（ⅡM22∶18），白色，杂大量浅褐色浮云般的斑

纹。中期中型墓ⅡM26墓室北壁墙根一个壁龛中出土的彩绘小口折肩罐，口部同样盖着1件青玉大孔璧。陶寺中期大墓ⅡM22被扰墓坑ⅡH16从上一直扰到墓底棺的上部，ⅡH16填土中出土绿松石珠2件、玉钺碎块1件、绿松石嵌片1件。这些器物原本很可能放在ⅡM22棺内。

ⅡH16底部出土玉石器较多，主要出土于被拉上来的一块棺板上，有散乱的绿松石嵌片8件、天河石嵌块1件、玉钺碎块1件、白玉管1件。其中天河石嵌块为圆角长方形，玉色翠绿，正面隆起，背面平，背面有对切截痕。

ⅡM22棺底衬板上散乱残留着绿松石嵌片40件、绿松石牌饰3

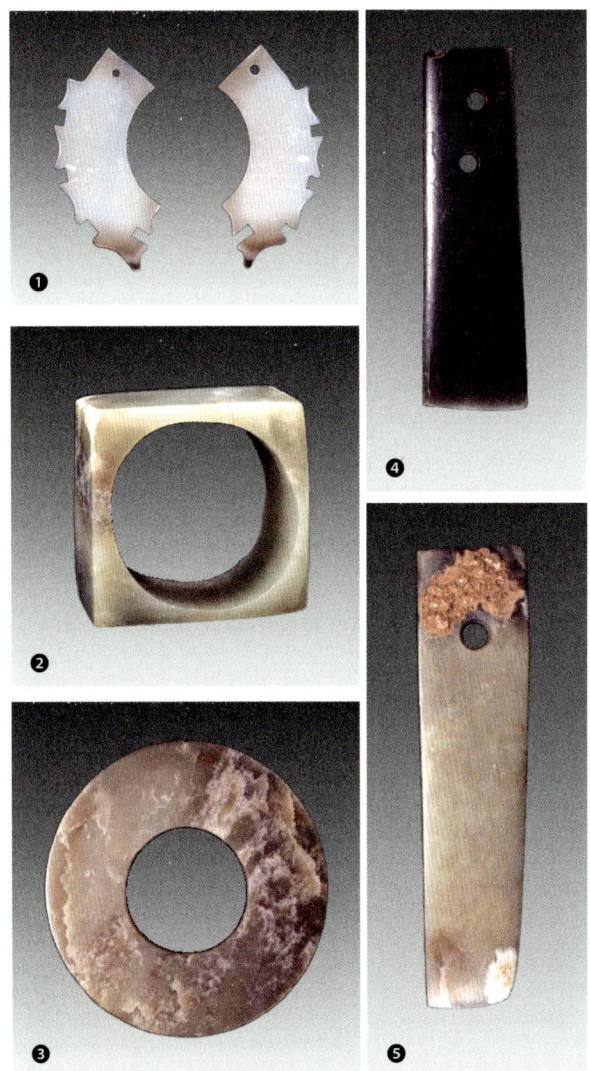

II M22 出土的玉石器

1.璜形佩（ⅡM22:131）；2.玉琮（ⅡM22:129）；
3.玉璧（ⅡM22:18）；4、5.玉戚（ⅡM22:128、ⅡM22:2）

件、玉钺 1 件、玉钺碎块 1 件、L 形玉簪尾饰 1 件、天河石片 1 件、
天河石珠 1 颗。绿松石牌饰形制为正方形或长方形。绿松石嵌片形
制则多样，有长方形、梯形、眼形和不规则形。

陶寺中期王级贵族墓地里有一定数量的中型墓，ⅡT7464H30
是中期中型墓ⅡM28 的扰墓坑，填土中出土 1 件残石璜。ⅡM28
被扰乱的棺底板上残留绿松石珠 6 颗、绿松石嵌片 6 件（组）。
ⅡT7464H31 是中期中型墓ⅡM32 的扰墓坑，在坑底界面上即
ⅡM32 的棺底板上散乱人骨北侧和东侧分别残留绿松石珠 1 颗。
ⅡT7464H35 是中期中型墓ⅡM26 的扰墓坑，填土中出土残石饰 1
件，坑底界面即ⅡM26 被扰棺底板上散乱的人颈椎与下颌周围残留
绿松石珠 25 颗。中期中型墓ⅡT7860M8∶1 石钺残块粘有红彩，出
土自棺东北角。

陶寺中期王级墓地里中晚期小墓 22 座，只有 4 座出土了随葬品，
仅为随身佩戴的玉石饰品。石饰ⅡT7860M3∶1，出土于枕骨下，呈
小刀形，正面圆钻 7 个孔。玉镯ⅡT7464M33∶1，出土时戴在人骨
架右臂，玉色墨绿，局部带红彩，形制为圆角方形，由无射的单节
玉琮改制。绿松石串管饰ⅡT7464M27∶1，共 3 件，出土于下颌骨
内侧。ⅡT7254M12∶1 为 L 形石簪尾饰，出土于两腿间。

陶寺中期王级贵族墓地中的大、中型墓全部被陶寺晚期人捣毁，
形成一层特殊的墓地扰乱堆积层，土色是墓葬特有的"五花土"，
被统一编为陶寺中期墓地第 3 层。陶寺中期墓地第 3 层出土玉钺 3
件（1 件完整）、残石钺 1 件、天河石管 2 件、玉戚 1 件、玉牙璧 1 件、
玉环 1 组（2 件）及ⅡT7464H32∶1 玉钺尾端残片。

2002—2007 年陶寺遗址的发掘，除了下层贵族居住区、宫殿

区、中期王级贵族墓地出土玉石器外，其他区域只零星出土玉石器，目前有 3 例。ⅡT8040H3 是窖穴ⅡJX1 的废弃堆积，时代为陶寺晚期偏早，出土残石璧 1 件。ⅠT6 西扩 H13 是大型仓储区内大型窖穴ⅠJX1 的废弃堆积，时代为陶寺早期，出土残玉环 1 件。04JXTⅡTG3HG3 是陶寺中期小城内观象台东侧路沟的陶寺晚期废弃堆积，此层堆积里出土完整玉钺 1 件，呈长方形，玉色碧绿斑驳，表面附着钙质水垢，出土时刃部朝下插在土里，无柄。

陶寺文化中期用玉制度在质料上大体分宝石类和普通石料两类。宝石类以软玉为上，绿松石和天河石次之。在普通石料中，大理石为上，普通青石（角岩）次之。在居址和墓葬中，身份等级越高，用玉质料中宝石类就越多，其中软玉的比例也越高，反之则越低。

陶寺文化中期用玉组合为钺、戚、璧（牙璧）、琮、璜、璜形佩饰、玉兽面、厨刀、串饰（项饰）、宝石（绿松石和天河石）镶嵌物、环、镯、玉骨组合头饰（步摇）、玉凿等。被戴在手臂上的璧和琮很可能墓主人生前并非作为手镯长期佩戴，而是入殓下葬时出于某种宗教意义将璧和琮套在手臂上。陶寺中期的用玉制度器物组合的核心是钺和戚。绿松石串饰（项饰）、绿松石镶嵌物、环、镯、玉（石）骨组合头饰（步摇）属于普通随身装饰品。墓主人身份等级越高，宝石用料越多，品质越好；身份等级越低，普通石料越多，品质越差[8]。

襄汾陶寺文化遗址，以罕见的墓葬规模、森严的等级制度、象征王权的礼乐器、最早的观象台以及"文"字和夯土墙等，展现出早期国家的雏形，闪烁着华夏文明的曙光。无论空间还是时间，陶寺遗址都与古史所载的"尧都平阳"非常吻合。陶寺文化融汇了周边诸多文化进步因素，当时最先进的历史舞台已转移到山西南部。陶寺遗址有力地证明了山西南部是中华民族总根系中的一条重要的"直根"，在"中华文明探源工程"中，该遗址成为其中最为重要的组成部分之一。

参考文献：

[1] 中国社会科学院考古研究所，山西省临汾市文物局.襄汾陶寺——1978~1985年考古发掘报告 [M].北京：文物出版社，2015.

何驽.山西襄汾陶寺遗址近年来出土玉石器 [J].古代文明研究通讯，2008：13-27.

[2] 何驽.陶寺文化谱系研究综论 [J].古代文明（第3卷），2004：73-75.

[3] 中国社会科学院考古研究所，山西省临汾市文物局.襄汾陶寺——1978~1985年考古发掘报告 [M].北京：文物出版社，2015：673-796.

[4] 梁星彭，严志斌.山西襄汾陶寺文化城址 [M]// 国家文物局.2001中国重要考古发现.北京：文物出版社，2002.

[5] 中国社会科学院考古研究所山西队，山西省考古研究所，临汾市文物局.山西襄汾陶寺城址2002年发掘报告 [J].考古学报，2005（3）：145-151.

[6] 中国社会科学院考古研究所山西队，山西省考古研究所，临汾市文物局.陶寺城址发现陶寺文化中期墓葬 [J].考古，2003（9）：3-6.

[7] 罗明.陶寺中期大墓M22随葬公猪下颌意义浅析 [N].中国文物报，2004-06-04（7）.

[8] 何驽.山西襄汾陶寺遗址近年来出土玉石器 [J].古代文明研究通讯，2008：13-27.

下靳墓地 [1]

下靳墓地位于山西省临汾市区西南约 10 千米处，东南距陶寺遗址约 25 千米，西隔汾河与吕梁山相望，南北为平坦、开阔的临汾盆地，海拔高度 450 米。1997 年，山西临汾尧庙乡下靳村一砖厂在村北取土时发现了该墓地。1998 年 1 月，中国社会科学院考古研究所的专家确认该墓地属于陶寺文化时期。同年 3 月 12 日，中国社会科学院考古研究所山西队与临汾行署文物局开始现场清理。同年 5 月，山西省考古研究所与临汾行署文物局、临汾市文化局组成下靳考古队，对已暴露的墓地进行抢救性发掘。

下靳墓地发掘的墓葬基本分布在面积 2500 余平方米的范围内，呈不规则梯形，其中东半部墓葬分布稠密，西部则较稀疏。第一阶

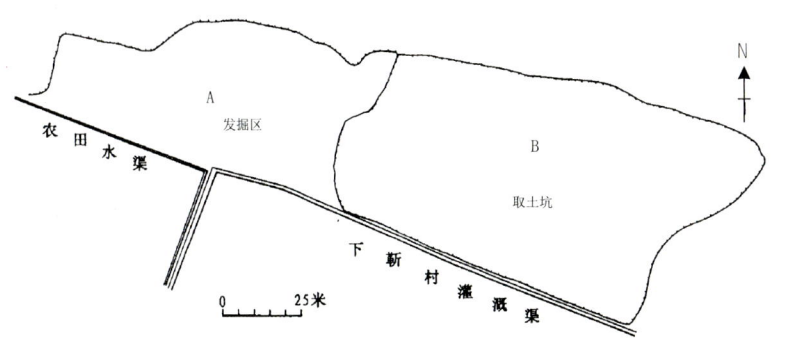

下靳墓地发掘区分区示意图

段发掘区位于东半部分，为 1998 年 3 月中国社会科学院考古研究所山西队等单位临时抢救性发掘被破坏后剩余的部分墓葬，在 700 余平方米的范围内共发现 200 余座墓葬，中国社会科学院考古研究所山西队清理 53 座，山西省考古研究所下靳考古队发掘 158 座。第二阶段发掘区位于中部和西部，在 1300 余平方米的范围内共发现 322 座墓葬。两个阶段在 2000 余平方米的范围内共清理史前墓 533 座。

墓葬按照头向的不同可分为 A、B 两类。A 类头向东南，约占墓葬总数的 77.8%；B 类头向东北，约占墓葬总数的 22.1%。A 类墓的分布遵循一定之规，头向东南，方向皆在南偏东 20°~60°之间。除极个别墓排属不明外，绝大部分虽不十分整齐，但基本左右并列，成排分布，墓葬横向间距不等。A 类墓均为长方形土坑竖穴墓，可辨死者葬式的墓葬大部分是小型墓。葬式可分为仰身直肢、仰身屈肢和侧身屈肢三种，其中仰身直肢最多。A 类墓中有 143 座发现随

下靳墓地 A 类典型墓葬 M76

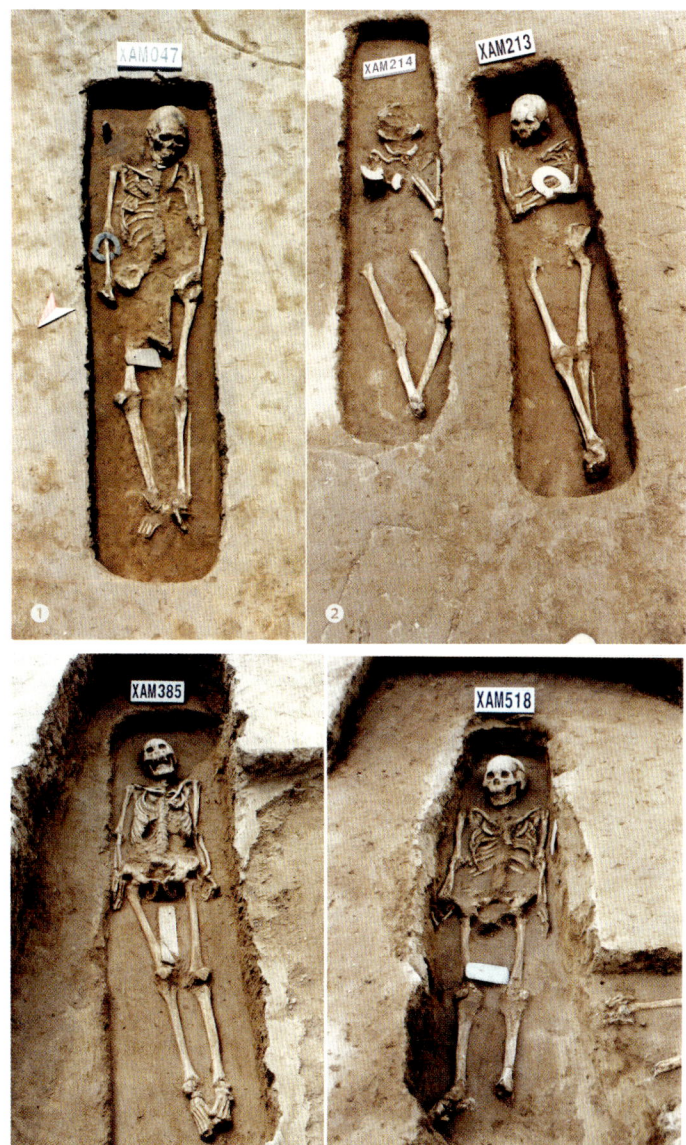

❶ M47　❷ M213、M214　❸ M385　❹ M518

下靳墓地 A 类典型墓葬图

葬品，共 395 件（组），包括陶器 13 件、玉石器 262 件（组）、骨蚌牙器 119 件（组）、其他 1 件。除绿松石、石箭镞、串饰等小件器物外，一般一座墓中仅有 1~3 件器物。

随葬玉石器种类丰富，包括钺 59 件、璧 18 件、双孔刀 6 件、镞 30 件、凿 1 件、琮 2 件、圭形器 2 件、有领玉环 3 件、镶嵌腕饰 3 件、璜形饰 19 件、管 32 件等。还有其他形状的玉石器饰，有扁条形、柄形、锥形、梭形、梯形、扇形、三角形、弧形、凹形、不规则形等多种形状。另有其他杂饰 20 件，式样不明的杂饰 9 件，器类不明者 5 件。

B 类墓是头向东北的墓葬，为土坑竖穴墓，可辨葬式者均为仰身直肢。B 类墓大多无随葬品，随葬品主要是骨簪，玉石器、陶器少见。骨簪分扁平长条状和圆棒状两种，均发现于死者头顶。

下靳墓地是继襄汾陶寺以后又一个属于陶寺文化范畴的墓地，该墓地 A 类墓的整体特征与陶寺遗址中、小型墓基本相同，不见陶寺早期一类大墓所出的鼍鼓、特磬、蟠龙纹陶盘等王室重器，较少使用陶器随葬，墓葬形制、头向、葬式、葬俗及随葬的玉石器、骨蚌牙器的种类和式样同陶寺文化中、小型墓葬均表现出较强的一致性。墓中出土的玉钺、长方形双孔石刀、玉及骨质装饰品、三角形薄片石簇，与陶寺遗址早期中、小型墓中出土的同类器物也十分接近。尤其是彩绘陶瓶，如出一辙。陶寺墓地已属于晚期的墓中却不随葬这类器物。因此，下靳墓地 A 类墓的时代当属陶寺遗址早期。A 类墓出土的部分敞口长颈折肩彩陶瓶和折肩罐同陶寺文化早期晚段同类器相似，而 B 类墓出土的陶罐 M299：1 与垣曲古城东关庙底沟二期文化晚期陶罐 H145：43 相似。总体来看，下靳墓地墓葬

人骨碳十四年代测定结果与墓葬 A、B 类别反映的时代先后顺序基本一致，A 类墓葬的日历年代范围集中在公元前 2300—前 2150 之间，B 类墓葬的年代范围则集中在公元前 2500—前 2250 年之间。

下靳墓地和陶寺墓地均分布在古文献记载的唐尧部族活动区域。下靳墓地发现墓葬 500 余座、玉石器 200 余件，不仅丰富了陶寺文化研究的内容，有助于唐尧文化的深入研究，还有利于探索早期玉石之路的线路走向，对探索山西地区乃至中华古代文明的起源、进程与模式等有重要参考意义。

参考文献：
[1] 山西省考古研究院、山西博物院 . 下靳史前墓地 [M]. 上海：上海古籍出版社，2022.

坡头遗址 [1]

坡头遗址位于山西省芮城县陌南镇西北 5 千米的中条山南麓。遗址西边有一条清澈的涧水，涧水两边沟壑纵横，竹林茂密。坡头遗址包括涧沟东边的坡头村和涧沟西边的东升村，南北连绵 1 千米，东西 0.5 千米，堆积六七米之厚，延续了仰韶文化、庙底沟二期文化、龙山文化、两周文化等各个历史时期的遗存。坡头村南面地面上采集的陶片多是仰韶晚期的红褐色陶钵、陶盆和尖底瓶等，堆积并不太厚。坡头村西面断崖上可以看出庙底沟二期和龙山时期地层堆积与灰坑。

玉器的出土地点位于遗址西部，即涧水之东、涧沟之西的一道沟梁上，地形如同一个半岛，今称东升村（隶属西陌镇）。该村南端有一座古寺——清凉寺，大雄宝殿为元代建筑，属全国重点文物保护单位，所以有人也称这批玉器为清凉寺玉器。清凉寺墓地分布在清凉寺的东北部。玉器出土于 1986 年春夏之际，当地村民齐某在清凉寺东边 50 米处的自家宅院开挖窑洞时发现，随后被收购古玩的游商收购。芮城县博物馆获知这一信息后，立即与公安部门联合行动，收缴了商贩购走的玉璧，同时在该村和邻近村中收缴了未出售的玉璧和另外出土的玉钺。公安部门将所缴获的玉器一并移交芮城县博物馆，但据老乡称，还有一些玉器被商贩买走，不知去向。

1987 年春，运城市中城派出所在一家旅馆抓获一批文物走私犯，缴获一批玉器。据这些人交待，这些玉器是从芮城县清凉寺一带购买的。结案后，这批玉器移交给运城市博物馆。走访发现玉器的人们，他们皆称玉器与人骨在一起，有的置于腹部，有的几件叠置在一起，有的套于手腕上。这种情形与陶寺遗址墓葬中玉器的出土情形比较类似。

　　结合器型与工艺制作因素综合判断，这批玉石器应为庙底沟二期至龙山文化时期的遗物。这批玉器质料主要是软玉，还有部分大理岩、蛇纹岩。器型有玉璧、玉环和玉钺等，同时有两个玉琮、一个玉管。玉璧、玉环、玉管和玉琮的钻孔基本都采用管钻，切片时都采用锯切。玉质种类比较多，大理岩应是本地取材。据现代科学探测，中条山（古称历山）之南有丰富的大理岩矿藏。其他玉料的产地不应是同一地方，玉料的来源目前尚未确定。

　　坡头遗址的玉器总计 83 件，虽非科学发掘品，但数量大，出土地点集中，质料、形制与加工工艺方面特点突出，对研究中原尤其是晋、陕、豫交界地区史前玉器有重要参考价值。

参考文献：
[1] 李百勤, 张惠祥 . 坡头玉器 [M]. 太原:《文物世界》杂志社, 2003.

碧村遗址 [1]

　　碧村遗址位于山西省吕梁市兴县高家村镇碧村，地处蔚汾河入黄河口处，是近年发现的一处龙山时代晚期的石城遗址。2015年，山西省考古研究所在该遗址发掘525平方米，发现了大型石砌房址、护坡墙，还获得了城墙的相关线索，证明碧村遗址是具有一定等级的中心聚落。该遗址中心的小玉梁曾有大量玉器被盗。2016年，山西省考古研究所和山西大学考古系联合组成碧村考古队，对小玉梁台地进行了考古发掘。这一阶段的发掘面积约1500平方米。2014—2016年，考古工作者对该遗址进行了一系列调查和发掘，确认了该遗址的面积及年代，并对曾出土大量玉器的小玉梁地点进行了两次重点发掘，基本弄清了其遗存的分布情况。

　　发掘表明小玉梁台地边缘存在石砌围墙，围墙内面积约4000

碧村小玉梁发掘区全景

碧村玉器残件

1-3.玉器残件（分别出土于 H24、H37、M7）

平方米，其中部为一组坐东朝西的石砌排房；排房背后即东面为灰
坑集中区，应属排房主人的生活垃圾堆放区；排房前方即西面堆积
简单，并不见任何生活垃圾，可能是当时的活动广场。2020—2022
年主要发掘的是外城门。

　　碧村遗址是晋西北目前已发现的龙山时期玉器最为集中的地点，
主要发现于小玉梁及附近区域。碧村发现的玉器总数近百件，但经
科学发掘出土的玉器只有3件，出土位置均在房址灰坑区及墓葬区，
根据使用性质可分为墓葬随葬品及生活用玉，暂未发现用于祭祀的
玉器。其他玉器多被盗扰，原始的出土信息已经丢失。

　　玉器种类有璧、环、臂钏、琮、刀、钺、璜等。其中玉璧形式多样，
有大孔璧、小孔璧、环形璧、牙璧、多璜联璧等。这批玉器多为素面，
玉质多为青白玉，还有少量墨玉，细腻温润。工艺上，盛行片切割，
钻孔技术发达。碧村遗址出土的玉器填补了晋西北龙山时代玉器的
空白[2]。

　　小玉梁在围墙范围内经正式发掘出土的玉器分别位于排房背后

的灰坑区和南围墙附近。2016 年发掘的 H24 位于排房背后，是该区域规模最大的一座灰坑，直径约 4 米，出土陶敛口罐、甗、浅盘豆等，还有玉璧残件等。在南围墙附近清理的 H34 也出土了玉钺残片。除灰坑外，在 M7 墓主人左侧盆骨附近随葬一件方形玉牌。

据专家介绍，碧村遗址布局规整的东门址是我国目前发现的史前时期保存较为完整、结构最为严密、形制最为规整的一套门址系统，也是认识中国史前及先秦城门布局的重要案例。碧村遗址占据河套通往晋中、晋南的关键要道，是揭示早期中华文明交流互鉴和展现以中原为中心历史发展趋势的重要窗口。

参考文献：

[1] 山西兴县碧村发现龙山时期石城 [J]. 文史月刊, 2015 (10)：70.

山西省考古研究所, 山西大学历史文化学院考古系, 兴县文物旅游局. 2016 年山西兴县碧村遗址发掘简报 [J]. 中原文物, 2017 (6)：4-17.

[2] 王晓毅. 山西吕梁兴县碧村遗址出土玉器管窥 [J]. 故宫博物院院刊, 2018 (3)：71-80.

其他地区

　　山西其他地区发现的史前时期的玉器较少，较为零散，不作为本文重点探讨的对象，仅举几例。1964 年，太行山南部黎城后庄广志山出土两件青玉戚[1]，从制作工艺、形制特征判断，其年代当为龙山文化晚期（详见第五章，黎城神面纹玉戚）。侯马市煤炭制品厂祭祀坑 K132 出土的鹰纹玉圭 K132：12[2]，中部阴刻一翅鹰形图案，其下阴刻两组六道横线，再下有一圆穿，上下两端磨薄出刃。

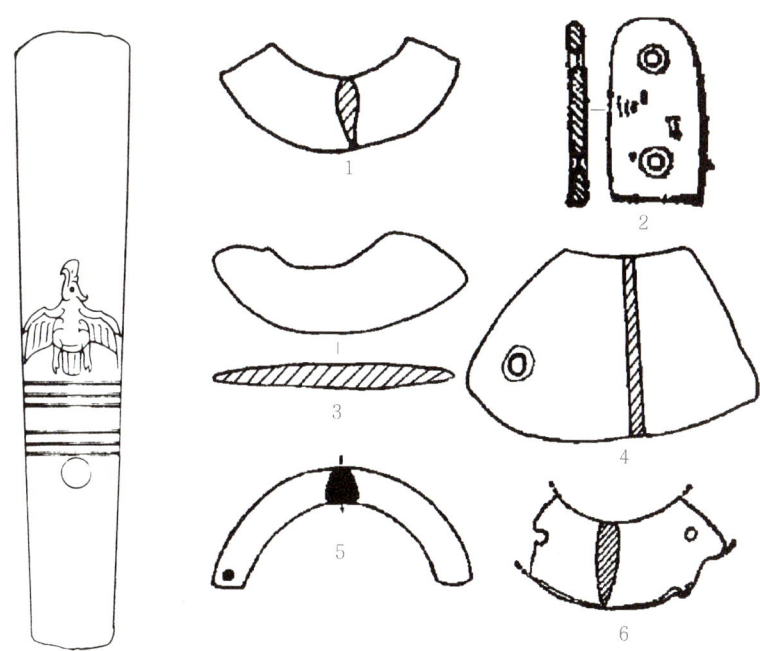

侯马煤炭制品厂祭祀
坑出土的鹰纹玉圭
（K132：12）

侯马东呈王等地出土的玉石器
1. 玉环（ⅠH24：3）　2. 玉饰（T105：5：11）
3. Ⅱ式玉璜（T2④：2）　4. Ⅰ式玉璜（T203④：2）
5、6. 石璜（ⅠH41：4、T108HG：8）

长 21 厘米，宽 4 厘米，厚 0.1 厘米，穿径 1 厘米。其造型与大汶口、龙山玉器上出现的鹰极为相似。其切割法是龙山文化晚期流行于陕、晋地区的一种制作方法。襄汾丁村曲舌头遗址[3]出土的玉器有璜、环等，属龙山时期。璜，磨制，分二式：I式，T203④:2，由残玉加工，一端穿孔，直径 6 厘米；II式，T2④:2，未穿孔，厚度不均，残长 3.4 厘米。环：IH24:3，残，磨制，横截面呈菱形，残长 2.8 厘米。侯马东呈王新石器时代遗址[4]出土一件璜（T108HG:8），属庙底沟二期文化时期，璜身两端各穿一个孔，孔由两面琢钻，横断面呈楔形，一端近孔处已残，残长 4.4 厘米。垣曲古城东关遗址[5]出土的石璜（IH41:4）属仰韶文化晚期，外径 6.9 厘米，内径 5.1 厘米，磨制，半月形，一端有穿孔，截面呈三角形。垣曲龙王崖遗址[6]出土一件玉饰（T105:5:11），属庙底沟二期文化时期，墨绿色玉料，磨制较精细，整体呈薄片长方形，上端边沿呈弧形，上下各有一孔，均系两面琢钻而成，长 22 厘米，宽 1.2 厘米。

参考文献：

[1] 刘永生，李勇.山西黎城神面纹玉戚[M]//山西省博物馆.山西省博物馆八十年.太原：山西人民出版社，1999：117-124.

[2] 谢尧亭.侯马晋国祭祀遗址发掘报告[M]//山西省考古研究所侯马工作站.晋都新田.太原：山西人民出版社，1996:264.

[3] 山西大学历史系考古专业.山西襄汾县丁村曲舌头新石器时代遗址发掘简报[J].考古，2002（4）：29-40.

[4] 山西省考古研究所，山西大学历史系考古专业.山西侯马东呈王新石器时代遗址[J].考古，1991（2）：110-142.

[5] 中国历史博物馆考古部，山西省考古研究所，垣曲县博物馆.1982—1984年山西垣曲古城东关遗址发掘简报[J].文物,1986(6)：27-40.

[6] 中国社会科学院考古研究所山西工作队.山西垣曲龙王崖遗址的两次发掘[J].考古，1986（2）：97-111.

玉器质料

山 西 史 前 玉 器

玉汇中国

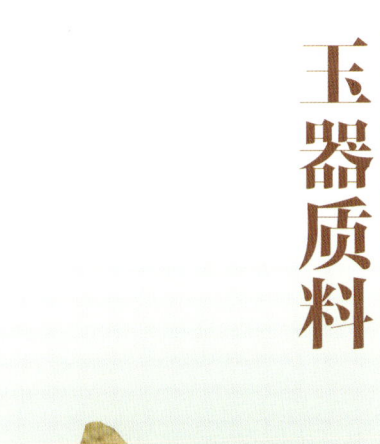

清凉寺墓地 [1]

清凉寺墓地出土了 247 件玉石器，其中属于第二期的有 155 件，属于第三期的有 85 件，属于第四期的器物仅有 7 件。学者们对清凉寺玉器的玉料研究采用了多种分析方法，有比重测试、红外光谱分析检测、X 射线粉晶衍射分析、切片的显微镜观察微量元素及稀土分析、放射性同位素分析等。

中国地质大学和北京大学的研究人员观察了清凉寺墓地的 221 件玉石器，并对其中 212 件器物的矿物来源进行了比重检测和数据统计。根据考察和鉴定结果，清凉寺墓地玉石料的主要种类是不同质地的岩石，除少量用透闪石玉制成之外，大部分器物并非矿物学意义上的"玉"。这些岩石在结构、韧性、硬度、颜色等方面各不相同，同质地的岩石分别制作不同的器物。

第二期 45 座墓葬出土 155 件玉石器，还有 10 件出土于不同探方第 1 层垫土内。玉石料种类有大理岩、蛇纹石岩、蛇纹石化大理岩、透闪石化大理岩、泥页岩、黏土岩、石灰岩、白云岩、伊利石（水白云母）、石英砂岩、硅质岩、绿片岩、砂卡岩和闪石玉等。不同器物选用了不同的岩石，其中使用率最高的有大理岩、蛇纹石岩和蛇纹石化大理岩，其次是石灰岩和白云岩等碳酸盐类岩石，少数为泥页岩、硅质岩、伊利石（水白云母）和片岩，仅有 1 件璜为闪石玉。

属于第三期的 85 件玉石器分别出土于 37 座墓葬中。玉石料种类包括闪石玉、大理岩、蛇纹石岩、蛇纹石化大理岩、石灰岩、白云岩、泥页岩、黏土岩、石英岩、玉髓、硅质片岩、伊利石（水白云母）、钠长石岩、滑石、辉绿岩等。这一时期用闪石玉料制作的玉石器有 21 件，分别出土于 15 座墓中。大理岩、闪石玉、蛇纹石岩和蛇纹石化大理岩仍然是利用率最高的岩石，伊利石（水白云母）也占一定比例，与第二期区别最明显的地方是白云岩和石灰岩使用率较低，可能是因为本期少见钺和刀类器物所致。

第四期仅有 7 件玉石器，分别出土于 4 座墓葬中，玉石料种类有大理岩、闪石玉、蛇纹石岩。

钺、刀类器物主要见于第二期，绝大部分使用石灰岩和白云岩等碳酸盐类岩石，也有一部分用大理岩、蛇纹石岩、砂卡岩（伊利石 + 方柱石）或蛇纹石化大理岩制成，但多孔刀多用泥页岩制成。第三期出土于墓葬填土中的钺、刀类器物与第二期的同类器物一致。

其他墓葬出土的璧、环、镯类的质料为闪石玉、大理岩、蛇纹石化大理岩、蛇纹石岩等。从第二期到第四期，尽管墓主人的身份、所属的人群组织可能发生过变化，但制作这类器物的传统并没有改变，而且器物的形制也十分相似，显示出一以贯之的传统风格。

多孔石器是作为钺的配件器物存在的，主要见于第二期。单孔石器和双孔石器最为常见，实用性不强，全部用泥页岩或片岩制作而成。

管状器和动物头状的饰品类器物只见于第三期，除少数用闪石玉之外，其余器物均用伊利石（水白云母）或黏土岩制成。另外，还有少数环或镯类器物也用这种岩石。

据学者综合研究分析，清凉寺墓地的玉石料除闪石玉、绿松石外，其他大部分的玉石料都来自中条山地区，而闪石玉来自西北地区的可能性比较大。各类质料标本见相应图示。

参考文献：

[1] 山西省考古研究所,运城市文物工作站,芮城县旅游文物局,等.清凉寺史前墓地 [M]. 北京:文物出版社,2016:555-602.

清凉寺墓地玉器质料（1、2 为二期；3、4 为三期）

1. 刀（M54:7），泥质页岩；2. 钺（M77:1），硅质片岩；

3. 钺（M57:01），黏土岩；4. 联璜石璧（M100:4），黏土岩

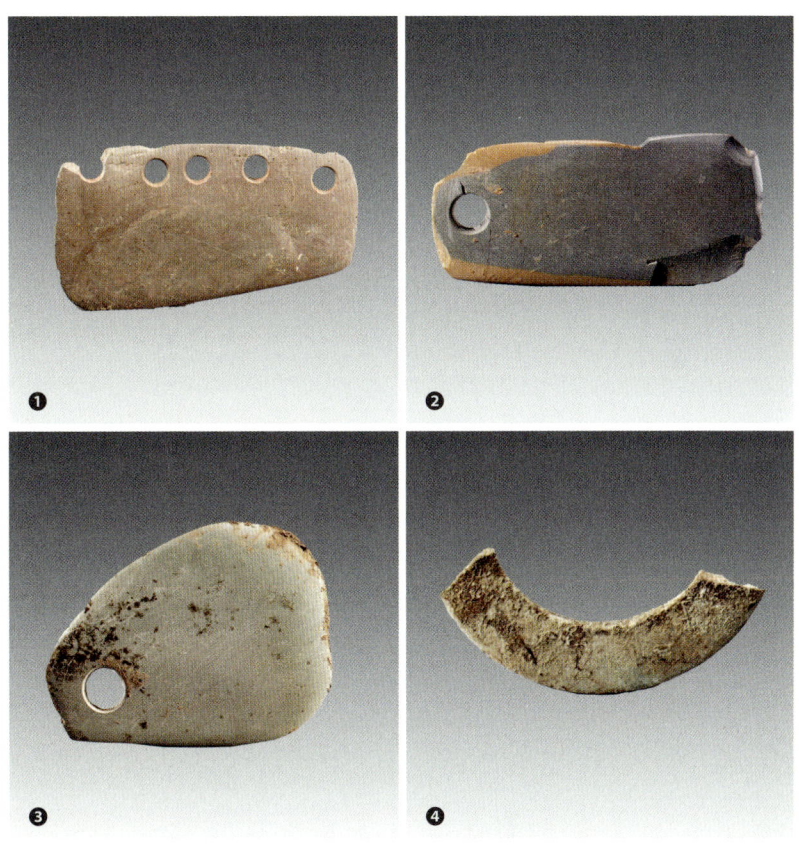

清凉寺墓地玉器质料（1、3为二期；2、4为三期）

1. 五孔石刀（M112:1），硅质岩；2. 钺（M146:2），钠长石；
3. 钺（M68:1），硅质岩；4. 残璧（M207:1），含铬金云母大理岩

清凉寺墓地白云岩制作的器物（1、2 为三期；3－5 为二期）

1、3、4.钺（M52:1、M200:4、M200:5）；2.复合璧（M147:1）；5.五孔刀（M61:3）

清凉寺墓地大理岩制作的器物（1、3、4 为二期；2、5—8 为三期）

1. 璧（M28:1）；2. 石器残片（M141:1）；3. 残璧（M111:2）；4. 钺（M48:4）；5. 双孔石刀（M146:4）；
6. 六边形凸沿筒状石器（M146:3）；7. 刀状石器（M146:13）；8. 琮（M87:1）

清凉寺墓地石英大理岩制作的器物（1—4为二期；5、6为三期）

1、2、4、5.钺（M48:4、M112:2、M217:2、M53:08）；

3.五孔刀（M200:6），石英、白云质大理岩；6.多孔刀（M53:09）

清凉寺墓地蛇纹石化大理岩制作的器物（1、4 为二期；2、3、5 为三期）
1. 钺（M145:5）；2. 残璧（M328:01）；
3、4. 璧（M30:1、M4:3）；5. 方形璧（M150:3）

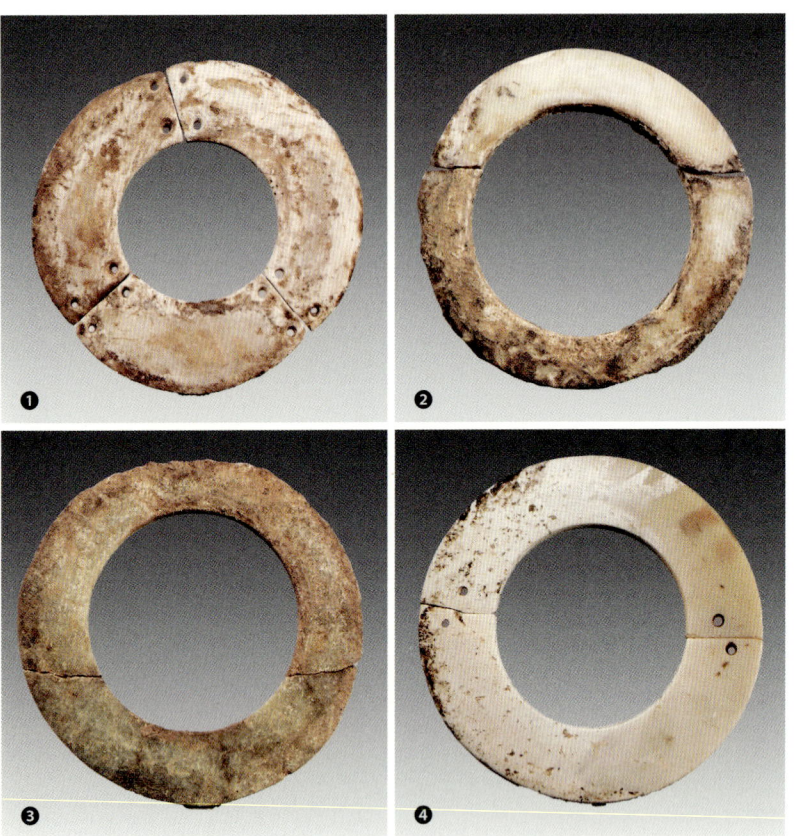

清凉寺墓地蛇纹石制作的器物（均为二期）

1. 复合璧（M54:1）；2-4. 璧（M54:4、M54:5、M54:6）

清凉寺墓地伊利石、石灰岩制作的器物（1—3为三期；4—7为二期）

1. 虎头饰（M87:4），伊利石；2. 镯（M139:01），伊利石；3. 管状饰（M149:1），伊利石；
4. 钺（M93:1），石灰岩；5. 钺（M82:7），伊利石；6. 钺（M46:2），石灰岩；
7. 三孔石刀（M76:1），石灰岩

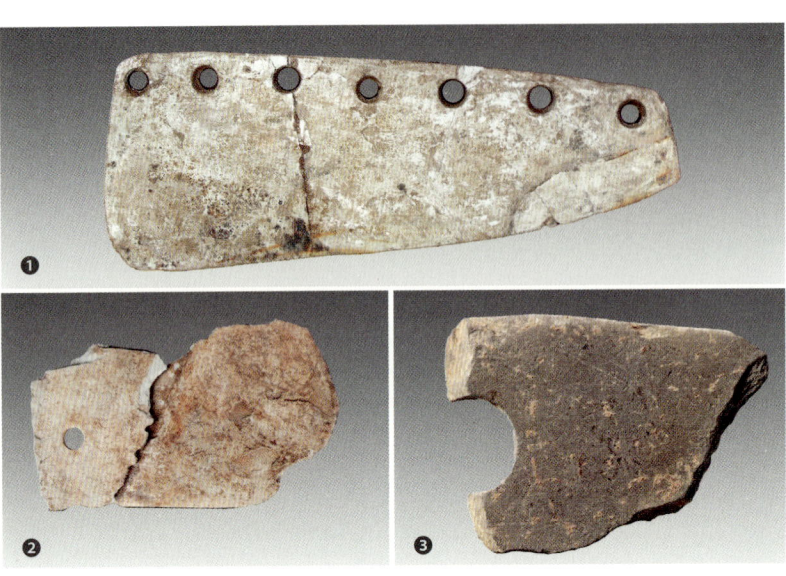

清凉寺墓地玉器质料（均为二期）

1. 七孔刀（M73:01），泥页岩；2. 钺（M152:1），泥页岩；3. 钺（M215:01），泥质灰岩

清凉寺墓地玉器质料（均为二期）

1. 钺（M76:3），大理岩；2. 钺（M145:3），大理岩；
3. 钺（M4:9），矽卡岩；4. 钺（M286:1），矽卡岩

清凉寺墓地透闪石制作的器物（1为四期；2—8为三期）

1. 璧（M275:2）；2. 钺（M146:1）；3. 牙璧（M100:7）；4. 玉管饰（M100:2）；
5. 琮（M52:1）；6. 璧残件（M153:02）；7. 璜（M167:01）；8. 玉梳形器（M146:7）

清凉寺墓地透闪石制作的器物（1—11、13 为三期；12 为四期；14 为二期）

1-8、10.璧（M22:1、M29:1、M87:3、M267:1、M180:1、M100:5、M91:01、M100:8、M148:3）；
9、11.复合璧（M155:2、M162:1）；12.复合璧（M201:1），两段透闪石玉，一段蛇纹石大理岩；
13、14.璜（M241:1、M67:3）

陶寺遗址[1]

　　1978—1985 年山西省襄汾县陶寺遗址出土的 1019 件玉石器中，中国地质科学院闻广教授和当时他的学生荆志淳做过矿物学鉴定的有 1001 件（取样鉴定 35 件，余为目验）。其中属透闪石 – 阳起石系列软玉的有 98 件，占玉石器总数的 9.6%。半玉（指透闪石软玉与方解石或钠长石等矿物的共生集合体）6 件，占总数的 0.6%。似玉的美石（简称"似玉"，包括大理岩、蛇纹大理岩、含镁质大理岩、蛇纹石、叶蛇纹石、叶蛇纹石 + 滑石、滑石、白云母、绢云母、绿松石、石英闪长岩、黏土类矿物等）433 件，占总数的 42.4%。其中又以大理岩、蛇纹石和绿松石为多，大理岩（含蛇纹大理岩及含镁质大理岩）有 242 件，在似玉系列中占 56%；蛇纹石和叶蛇纹石有 75 件，在似玉系列中占 17.3%，两项合计在似玉系列中占近 3/4。除个别管饰和坠饰为绿松石外，在 10 件组合头饰及 8 件腕饰中，也嵌有个体极小的细碎绿松石饰片，约 950 余枚（见表一）。

　　经统计分析，可知软玉器物有钺、钺形器、圭、璧、复合璧、环、璜、琮、双孔刀、梳、笄、组合头饰、项饰、臂环、指环、头部零散饰件与其他零散饰件中的小环与管珠等 17 类；半玉制品有钺、复合璧、铲和头部饰件中的管珠等；20 多种器物都用似玉美石制作，钺、璧、琮、梳、项饰、指环、头部零散饰件在似玉美石中占绝大多数；殳仅用大理石，镶嵌腕饰用绿松石。

　　矿物种类如此多样，是否反映矿物原料来源的多源性，学者认为尚需进一步研究。另外，还对陶寺玉器进行了稳定同位素测定，发现陶寺所用的软玉原料主体为镁质大理岩类型软玉，且并非来自

表一　1978—1985年陶寺遗址玉石器出土数量及质料统计表

器类	数量		质料					备注
	组件	件数	软玉	半玉	似玉	其他石质	未鉴定	
磬		4				4		
钺		99	13	1	57	28		
钺形器		4	1		2	1		
殳		2			2			
圭		3	2		1			
璧		84	7		66	9	2	
复合璧	8	27	12	3	12			
环		4	4					
璜		2	2					
琮		13	3		8	2		
双孔刀		7	2		2	3		
铲		8		1	1	6		
斧		15			2	13		
锛		27			18	9		
凿		3			1	2		
研磨盘、棒	3	6				6		
刀		21				21		
簇		333			5	326	2	
梳		7	1		6			
笄		4	1		2	1		
组合头饰	24	56	26		27	2	1	10组有绿松石饰片，共存250余枚

（续上表）

器类	数量		质料					备注
	组件	件数	软玉	半玉	似玉	其他石质	未鉴定	
项饰	5	71	3		52	16		
臂环		5	4		1			
镶嵌腕饰		8			8			内4件残，8件存绿松石饰片，约700枚
指环		8	1		6	1		
指套		2			2			
头部玉石饰件	55	140	10	1	115	9	5	
零散玉石饰件		56	6		37	6	7	包括 M1700 蚌项饰中2件玉石管
合计	95	1019	98	6	433	465	17	
在玉石器中所占比例			9.60%	0.60%	42.50%	45.60%	1.70%	

此类型已知产区新疆昆仑一带。若考虑就近取材的情况，应在山西及其邻近的古玉矿，此类型的软玉矿应该在产镁质碳酸盐与花岗岩的接触带中。各类质料标本见相应图示。

2002 年以来，陶寺遗址发掘出土的玉石器质料种类同前，包括软玉、绿松石和天河石、大理石青石（角岩）等。详情可见第一章陶寺遗址玉器的发现概况。

参考文献：

[1] 中国社会科学院考古研究所，山西省临汾市文物局 . 襄汾陶寺——1978~1985 年考古发掘报告 [M]. 北京：文物出版社，2015：668-670，1243-1254.

陶寺墓地软玉制作的钺（1、5、7 为晚期；2、4 期属不明；3、6 为早期）

1. M3168：9；2. M3196：2；3. M3153：3；4. M3002：4；5. M3168：10；6. M2035：20；7. M1265：1

陶寺墓地透闪石制作的器物
（1、3、6、8、9、11－15期属不明；2为早期；4、5、7、10为晚期）

1-3. 璜〔M1701:1（残）、M2025:1、M3160:2〕；
4、14. 环（MDC:14、M1369:2）；
5-9. 璧（MDC:9、M1364:4、M1361:8、M1423:1、M1309:3）；
10-13. 复合璧（M1449:1、M3033:8、M2011:5、M3021:2）；
15. 琮（M1699:1）

陶寺墓地软玉制作的器物（1、3、4、6为晚期；2、5期属不明）

1. 双孔刀（M3168:8）；2、3、6. 臂环（M1369:3、M1449:2、M2384:1）；
4、5.琮〔M1267:2、M1700:2（残）〕

玉汇中国　山西史前玉器

陶寺墓地玉器质料（1、2 为晚期；3、4、6 为早期；5、7 期属不明）

1. 钺（M1265：2），方解石加透闪石；2. 复合璧（M1453：2），方解石加透闪石；
3. 铲（M2172：34），方解石加透闪石；4. 钺残器（M3015：51），阳起石；5. 璧（MDC：10），阳起石；6. 圭（M3032：2），阳起石；7. 钺（M1411：2），叶蛇纹石

陶寺墓地玉器质料（1、3 期属不明；2 为早期；4、5 为晚期）

1.钺（M3100:2），叶蛇纹石；2.钺（M3073:26），灰岩；
3.复合璧（M2042:3），绢云母；4.琮（M3168:7），滑石；5.琮（M1271:4），白云岩

下靳墓地 [1]

根据下靳墓地玉石器的出土情况，在对出土器物的矿物组成及结构进行肉眼观察的基础上，中山大学地球科学与工程学院宝玉石研究鉴定（评估）中心选择红外光谱反射法，结合便携式 X 射线荧光光谱仪（pXRF），对下靳墓地出土玉石器的材质进行了无损鉴定。使用的仪器为 Thermo Scientific NicoletiS5 型傅里叶变换红外光谱仪，分辨率 2cm–1，扫描范围 4000–400cm–1，扫描次数：32；利用 OMNIC 软件对采集到的红外反射光谱进行 K–K 校正；采用德国制造便携式 X 射线荧光光谱仪（pXRF），仪器能量分辨率 <170eV，元素分析范围 Mg–U，大部分元素检测 10ppm。测试结果显示，下靳墓地玉石器的材质有透闪石质、蛇纹石质、蚀变大理岩、伊利石质、绿泥石质、滑石质、石英质等 7 大类，其中蚀变大理岩类器物最为常见。

透闪石质玉器：本类玉器具有多种颜色及结构类型，可以简单分为两大类：一类为质地非常细腻、透明度高的玉料，这部分玉料的质地几乎和现代岫玉蛇纹石质的玉近似，属于隐晶质或者显微交织结构的玉料；另外一类则是质地较粗、大多具有柱状变晶结构的玉料，部分带有糖色。常见用于制作璜，也用于制作扁条形饰、锥形饰、玉管等。

蛇纹石质玉石器：本类玉石器多呈白 – 灰绿、半透明 – 不透明、浅绿色，部分地方因受沁发白，间杂粒状、斑状（黑斑）结构，主要矿物为蛇纹石，含有磁铁矿副矿物，含量可达 3%，多用于制作钺、璧、复合璧等。

蚀变大理岩玉石器：玉石器多数为不透明 – 半透明状，白色 – 灰白 – 灰绿色为主，具有重结晶粒状镶嵌结构，矿物的解理明显。部分玉石器可以见到蛇纹石蚀变，经红外测试确认，其主要矿物为方解石。常用于制作钺、璧，也用于制作刀、镞、琮、梭形石饰等。

伊利石质玉石器：颜色多为白、灰绿色，半透明 – 微透明，有蜡状光泽，质地均匀细腻，多用于制作钺、璧、轮形饰、璜、V 形槽饰等。

绿泥石玉石器：此类玉石器颜色为灰白色 – 褐色，半透明 – 亚透明，质地细腻，部分样品表面蚀变呈土状，常用于制作钺、管。

石英质玉石器：此类玉石器颜色为黄褐色、灰黑色，半透明 – 不透明，质地较细，常用于制作钺。

滑石质玉石器：黄褐色，半透明，蜡状光泽，质地细腻，多用于制作钺、穿孔石饰。

其他多矿物岩石类玉石器：下靳墓地出土的玉石器材质，除上述主要由单一矿物组成的单矿物岩石外，还有部分由多种矿物共同组成的多矿物岩石。这类玉石器显示出较复杂的红外光谱特征，以长英质岩石居多，多用于制作钺。

下靳墓地有 11 座墓葬出土绿松石制品，北京联合大学应用文理学院历史文博系讲师张登毅和北京科技大学科技史与文化遗产研究院教授李延祥通过选取该墓地 M136、M28、M30 出土的 7 件绿松石样品，使用拉曼光谱仪对其进行物相检测，然后用 TIMS 对样品的铅锶同位素比值进行了检测。研究显示，下靳墓地绿松石制品至少有 3 处不同的矿源，M30 绿松石制品的矿源指向竹山喇嘛洞，M28 绿松石制品的矿源指向洛南辣子崖，M136 绿松石制品的矿源未知。各类质料标本见相应图示。

参考文献：

[1] 山西省考古研究院，山西博物院 . 下靳史前墓地 [M]. 上海：上海古籍出版社，2022：438-456.

下靳墓地玉器质料

1.璧（M352:1），变凝灰岩；2.璜（M375:1），板岩；3.腕饰（M139:3），绿松石

下靳墓地大理岩制作的器物

1. 轮形饰（M44:3）；2. 梭形石片（M44:4）；3. 梯形石片（M124:2）；
4. 璜（M124:3）；5. 有领石环（M234:1）；6. 钺（M472:1）

下靳墓地玉器质料

1. 穿孔石片饰（M5:1），滑石岩；2. 双孔刀（M385:1），泥灰质粉砂岩；
3. 双孔刀（M153:1），磁铁矿化蚀变英安岩；4. 钺（M406:3），泥质板岩

下靳墓地玉器质料

1.钺（M250:10），片岩；2.钺（M483:5），绿泥石；3、4.石管饰（M250:6、M250:7），绿泥石；
5.扁条形石饰（M144:2），蛇纹石化大理石；6.璧（M245:4），蛇纹石化大理石；
7.钺（M406:2），蛇纹石化大理石

下靳墓地蛇纹石制作的器物

1. 复合璧（M516:1）；2、3. 钺（M97:1、M413:1）

下靳墓地蚀变大理石制作的器物

1.璧（M45:1）；2、3.钺（M48:3、M49:1）；4.梭形石饰（M136:2）；
5.琮（M235:2）；6.镞（M289:1）；7.刀（M58:1）

下靳墓地玉器质料

1.钺（M153:2），伊利石；2、3.石管（M124:1、M58:2），伊利石；
4.方柱状V形槽饰（M483:3），伊利石；5.钺（M327:1），长英质岩；
6.钺（M518:2），蚀变花岗闪长岩

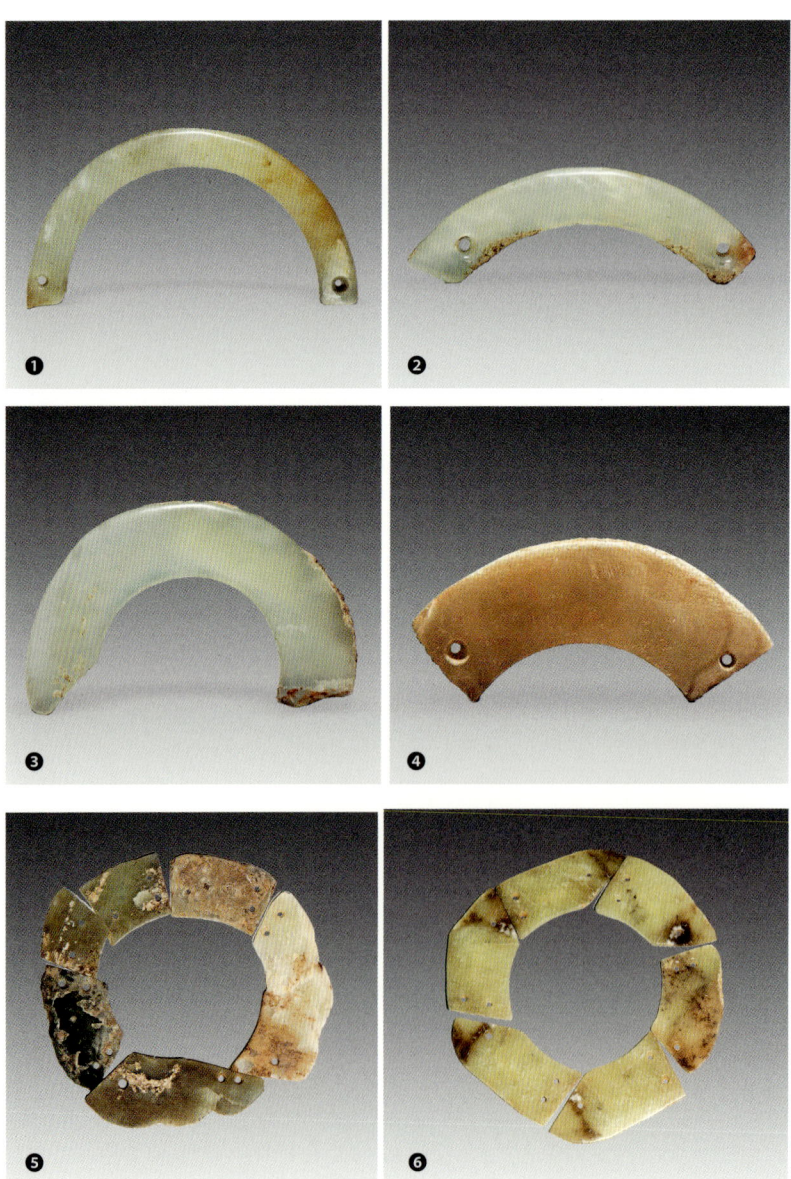

下靳墓地透闪石制作的器物

1-4、7、8、10.璜（M12∶7、M47∶2、M250∶1、M483∶1、M492∶3、M47∶4、M492∶2）；
5、6.复合璧（M472∶2、M483∶6）；9.环（M55∶1）；11.不规则玉片饰（M406∶4）；
12.锥形玉器（M83∶1）；13.扁条形饰（M60∶1）

坡头遗址

坡头遗址发现的玉石器有璧、环、琮、玉管、钺，其中璧的数量最多，质料也最为丰富，主要有软玉、大理岩、蛇纹大理岩、蛇纹石、叶蛇纹石等多种质料。坡头遗址的这批玉器中，软玉较多，究其原因，可能同挖土农民及文物贩子拣选有关。

据高炜先生观察，芮城坡头玉器有软玉 35 件，大理岩 38 件，蛇纹大理岩 6 件，蛇纹石、叶蛇纹石 6 件，质料不详者 2 件。各类质料标本见相应图示。

坡头遗址大理岩制作的器物

1-4.璧（编号 69、编号 70、编号 71、编号 73）

坡头遗址蛇纹大理岩制作的器物

1-3.璧（编号 21、编号 54、编号 62）；4.钺（编号 74）

坡头遗址玉器质料

1-3.璧（编号28、编号40、编号52），蛇纹石；4.璧（30），叶蛇纹石

坡头遗址透闪石制作的玉璧

1. 编号 13；2. 编号 14；3. 编号 45；4. 编号 46；5. 编号 47；
6. 编号 56；7. 编号 68；8. 编号 31；9. 编号 35；10. 编号 07

坡头遗址透闪石制作的玉璧

1. 编号 12；2. 编号 79；3. 编号 80；4. 编号 81；5. 编号 82；6. 编号 83

坡头遗址透闪石制作的器物

1-4. 钺（编号 75、编号 76、编号 77、编号 78）；5. 玉管（编号 03）；

6、7. 琮（编号 01、编号 02）；8. 玉器残片（编号 04）

碧村遗址

碧村遗址出土的玉器主要有青、白、黑、黄、草绿、墨绿、红、土色等颜色。据观察，其中有不少透闪石料。因大多并未做仪器检测，暂不深入探讨。

碧村遗址出土的玉器

1-3. 璧（标本 024、标本 025、标本 A008）；

4、5. 联璜璧（标本 A006、标本 A015）；

6-8. 牙璧（标本 A001、标本 A00 4、标本 A003）；9. 琮（标本 A012）

碧村遗址出土的玉器
1、2.钺（标本 A016、标本 A017）；
3.双孔刀（标本 A014）；4.三孔刀（标本 B006）；
5、6.璜（标本 A020、标本 A023）；7.琮（标本 A011）

小结

晋南地区发现的玉石器的石料来源主要为中条山周围的石矿。陶寺遗址、下靳墓地位于山西省西南部的临汾市，东倚太岳，北靠吕梁，南接中条山，地质构造上属于华北克拉通中部地块的断陷盆地（坳陷）。坡头遗址与清凉寺墓地距离中条山也较近。据调查，中条山有着广泛而丰富的石材，种类包括大理岩、蛇纹石岩、蛇纹石化大理岩、透闪石化大理岩、泥页岩、黏土岩、石灰岩、白云岩、伊利石（水白云母）、石英砂岩、硅质岩、绿片岩、硅质片岩、钙质片岩、石英岩、辉绿岩、绿松石等。这些岩石在结构、硬度、韧性、颜色等方面各不相同。吕梁山地区界河口岩群也有一定量的条带状大理岩、斜长角闪岩等，和下靳墓地出土石器中大理岩和蛇纹石化大理岩的岩性近似。该地区在采用材料方面具有地理上的便利性，因此上述类似的玉石材料很有可能与当地有关。

晋南地区发现的玉石器的材质以大理岩为主，透闪石软玉较少。除透闪石软玉原料在当地并无发现外，其余质料在中条山地区至今仍然有与其质地相同的岩石标本，特别是中条山之南有丰富的大理岩矿藏，因此可以初步判断这些大理岩质玉石器应该是使用本地的石材制作而成。

下靳、陶寺、清凉寺等地出土的玉器，软玉比例均非常低，不足10%，以大理岩和蛇纹石为大宗。清凉寺报告中对分属各期的247件器物做了检测，其中透闪石质软玉仅24件，所占比例为9.7%，报告中亦指出透闪石可能具有多来源性。经闻广先生鉴定的陶寺遗址中的玉器共1001件，其中98件属于软玉，占所有标本的9.6%，且这些软玉与新疆玉石器质料不存在相似性。

学术界一般认为甘肃玉料颜色青灰，边缘糖色明显，有的玉料上还可见布丁石结构、片状云起、水草纹（蚂蚁脚）及韵律条带等。在齐家文化中，甘肃料在多个遗址都有发现。陕北地区也明确可见这种玉料，如新华遗址所出有明显水草纹特征的部分玉器应属于甘肃料[1]。石峁遗址所出的一件玉圭，可见明显的布丁石结构[2]。经检测，陶寺遗址所出钺（M2035：20）的质料为透闪石，且具有明显的布丁石结构，研究者指出遗址中具有此类结构的并非一例[3]。丁哲先生认为黎城玉戚也应属甘肃闪石料中的"布丁石"[4]。以甘肃料为代表的软玉存在着明显的西玉东传现象，传播路径应是从甘青地区出发，顺黄河及其支流而下，经过陕北地区及晋南地区，直至海岱地区。天河石也存在着由西向东传播的可能性[5]，甘青、晋南以及海岱地区均可见到此种玉料。据研究，天河石在我国有较多产地，但发现的史前时期的天河石制品却极为稀少，这种玉料在西亚及北非地区则非常盛行，推测天河石可能由西亚首先进入甘青地区，进而与甘肃料一起顺黄河及支流东去，直达海岱地区[6]。

清凉寺、下靳玉石器的闪石料来源于西北地区的可能性也比较大。如清凉寺墓地 M153：2 的同位素年龄值为 268±3Ma，地质年代属于海西期；M91：1 的同位素年龄值为 364±4Ma[7]。这两件玉料的同位素年龄值与西北地区玉料的同位素年龄值比较接近。玉璧 M29：2 的玉料呈青黄色，内有大面积浓郁糖色，具有朦胧质感，应属甘肃闪石玉质[8]。下靳透闪石玉与其他产地透闪石玉微量元素线性判别分析投影图显示，样品 M12：7、M483：6 投点落在肃北透闪石玉的范围内，表明这两件样品的玉料来自肃北的可能性较高。而下靳玉钺（M97：1）基本确定和大汶口文化的蛇纹石质玉器具有相同的材料来源。

从考古发现来看，我国史前绿松石器主要分布于七个地区：中原地区、海岱文化区、甘青宁地区、北方地区、长江中上游地区、长江下游地区、华南地区。其中，中原地区主要指关中、晋南和河南等地区，北方地区主要指内蒙古东部和中南部地区。目前，中原地区年代最早的绿松石器属于裴李岗文化。山西地区发现的绿松石主要集中于庙底沟二期和龙山文化时期[9]。

20 世纪 80 年代发掘的陶寺遗址 1309 座墓葬中共出土绿松石镶嵌片 900 余件，2002 年的发掘中发现 2 颗绿松石珠及若干镶嵌片[10]。芮城清凉寺墓地 M100 中出土 1 件异形联璜环，璜片中部近中孔处钻一小孔，内镶一颗绿松石粒。临汾下靳墓地有 11 座墓葬出土绿松石制品，如 M76、M139，墓主为女性，右手腕部套有绿松石镶嵌的腕饰；M44 的墓主也为女性，在其颅顶发现了绿松石。

山西地区发现的史前绿松石最为显著的功能就是装饰，或饰人，或饰物，主要用作人体的装饰品。根据佩戴部位的不同，这些绿松石饰品分为头颈饰、腕饰等。腕饰多由若干颗粒或片状的绿松石镶嵌而成，如下靳镶嵌绿松石腕饰 M139:3。用作器物装饰的，目前发现的多是镶嵌于器物之上，常见镶嵌于骨器上，如陶寺发现的骨笄，上镶绿松石；也有镶嵌于玉器之上的，如清凉寺墓地中发现的异形联璜环，璜片中部近中孔处钻一小孔，内镶一颗绿松石粒。

经检测分析，下靳墓地绿松石制品的质料至少来自 3 处不同的矿源[11]。出土于 M30 的绿松石制品的矿源指向竹山喇嘛洞，出土于 M28 的绿松石制品的矿源指向洛南辣子崖，出土于 M136 的绿松石制品的矿源未知。由此可知这两处绿松石矿的开采年代可早至陶寺文化早期。

陶寺早期中型墓 M3168 出土了 6 件绿松石样品，其矿源至少有 4 处，其中 1 处指向白河白龙洞地区。陶寺中期 M22、H30 出土的绿松石样品的矿源有两处，其中 1 处指向竹山喇嘛洞地区[12]。下靳墓地的绿松石资源有可能来源于与陶寺遗址的交换或者贸易，也有可能单独开采，或者与陶寺以外的其他遗址相互交流。在绿松石资源的获取

下靳墓地、清凉寺墓地、陶寺遗址出土的部分绿松石器

1、2.腕饰（M139:3、M136:3），下靳墓地；3.管（M299:2），下靳墓地；
4.梯形绿松石饰（M7:1），下靳墓地；5.异形联璜玉环（M100:3），清凉寺墓地；
6.玉骨组合头饰（M2023:3），陶寺遗址；7、8.腕饰（M2001:3、M2010:4），陶寺遗址

方面，下靳墓地并没有受到陶寺遗址的控制，由此可见，在社会复杂化的初级阶段，这两个不同等级的遗址既有联系，又相互独立。

有的学者还根据铅锭同位素比值对中国 8 处先秦遗址出土的绿松石制品的追踪结果进行推断：先秦"绿松石之路"分陆路交通和水路交通两种形式，"太行山西路"是陆路传播的典型代表，即陕西、湖北出产的绿松石制品通过"汾河谷地"北上传播到东北。"太行山西路"及"汾河谷地"是南北史前文化互通有无的南北大动脉 [13]。

参考文献：

[1] 陕西省考古研究所，榆林市文物保护研究所 . 神木新华 [M]. 北京：科学出版社，2005.

[2] 戴应新 . 回忆石峁遗址的发现与石峁玉器（上）[J]. 收藏界，2014（5）：44-49；戴应新 . 回忆石峁遗址的发现与石峁玉器（下）[J]. 收藏界，2014（6）：58-65.

[3] 中国社会科学院考古研究所，山西省临汾市文物局 . 襄汾陶寺——1978~1985 年考古发掘报告 [M]. 北京：文物出版社，2015：668-670.

[4] 丁哲 . 甘肃闪石玉与"玉石之路"[J]. 大众考古，2017（2）：50.

[5] 王强，杨海燕 . 西玉东传与东工西传——黄河流域龙山时代玉器比较研究 [J]. 东南文化，2018（3）：80-89.

[6] 同 [3]

[7] 山西省考古研究所，运城市文物工作站，芮城县旅游文物局，等 . 清凉寺史前墓地 [M]. 北京：文物出版社，2016：15、555.

[8] 同 [4]

[9] 朱乃诚 . 中原地区两批距今 4000 年前后的王室玉器及有关问题 [M] // 郑州中华之源与嵩山文明研究会，中国社会科学院考古研究所 . 中华之源与嵩山文明研究（第二辑）. 北京：科学出版社，2015：205-220.

[10] 何驽 . 山西襄汾陶寺遗址近年来出土石器 [J]. 古代文明研究通讯，2008：13-28.

[11] 张登毅 . 中原先秦绿松石制品产源探索 [D]. 北京：北京科技大学，2016.

[12] 同 [5].

[13] 干福熹 . 古代玻璃和玉石之路——兼论先秦时期硅酸盐质文物的中、外文化和技术交流 [C] // 甘肃省文物考古研究所，北京大学考古文博学院，中国国家博物馆综合考古部，等 . 早期丝绸之路暨早期秦文化国际学术研讨会论文集 . 北京：文物出版社，2014：189-206.
　　童恩正 . 试论我国从东北至西南的边地半月形文化传播带 [C] // 文物出版社编辑部 . 文物与考古论集 . 北京：文物出版社，1986：17-43.

玉器类型

山西史前玉器

玉汇中国

清凉寺墓地

　　清凉寺墓地第二期到第四期墓葬随葬品中主要是玉石器。器物种类主要有璧、环、带孔石刀、钺、长方形玉器、玉琮、虎头状饰品等类别，出土时分别位于墓主人头部、臂上、下腹部及其他位置。第二期墓葬出土的玉石器主要是钺、多孔刀和璧、环等，有一些器物不见或很少见于第三期，但整体远没有第三期的同类器物精致。各期各器型标本见相应图示。

　　一、钺

　　45 件，出土于 37 座墓中，墓大小约为 501 厘米 ×200 厘米。一般每座墓随葬 1 件，出土 2 件的有 3 座墓，出土 3 件和 4 件的各有 1 座墓。钺多数出土于男性墓中，出土于女性墓的有 12 例，性别不清者 4 例。

　　墓葬大多数经过扰动，所发现的钺皆横向平置，刃部向外者 19 例，向内者 4 例，向下者 2 例，不明者 20 例。钺的出土位置在墓主人双腿股骨处 9 件，左右臂膀处 5 件，散落在墓中各个方位 6 件，墓主人下腹部 6 件，墓葬填土中 7 件，二层台殉人处 3 件，头骨旁 2 件，身下、左膝处各 2 件，胸右侧 1 件，右手腕旁 2 件。11 件近顶端一侧或两侧均打出 1~3 个缺口，应是便于缚柄。钻孔多为桯钻，有单面钻和对钻两种。32 件采用单面钻，13 件采用对钻，一般是在近顶部中间钻出一孔，孔径 1.5 厘米左右，也有少数器物钻 2 个孔，应是断裂修补而钻。

　　钺的长度以 13~25 厘米的居多，最短的 5 厘米，最长的 36.2 厘米；宽度以 8~12 厘米的居多，最窄的 3 厘米，最宽的 22.5 厘米。有 2 件表面有朱砂痕迹。

9 件残损，无法判断其具体形制。36 件钺按平面形状分三型，即 A、B、C 型，在 A、B、C 型中依刃部形制区分出 2~3 个亚型，各型标本见图示。

A 型，正视呈梯形，顶端（即背端）窄而刃端宽，两端宽度相差 0.8~17 厘米不等，多数相差 5 厘米左右。其中 20 件钺按刃部分 3 个亚型：

1. Aa 型，平刃，6 件；

2. Ab 型，斜刃，5 件；

3. Ac 型，弧刃，9 件。

B 型，正视呈长方形，两端宽度大致相等，刃端稍宽，两端宽窄相差不超过 0.5 厘米，共 15 件，依刃部可分 3 个亚型：

1. Ba 型，平刃，8 件；

2. Bb 型，斜刃，2 件；

3. Bc 型，弧刃，4 件。

C 型，正视呈长条形，长度相当于宽度 3 倍以上，厚度在 1 厘米左右，共 2 件，弧刃。

二、璧

87 件，7 件残损严重，无法判断具体形制，余 80 件，出土于 42 座墓中，男性墓 27 座，女性墓 12 座，3 座墓墓主人性别不清。二期 Aa 型 8 件，Ab 型 25 件，Ac 型 24 件。三期 Aa 型 6 件，Ab 型 2 件，Ac 型 9 件。四期 Aa 型 2 件，Ab 型 1 件，Ac 型 1 件。按平面形状分圆形璧、方形璧及牙璧，分别为 A、B、C 型。

A 型，正视中孔、外部轮廓均为圆形，形制规整，依好径与外周直径的关系区分出 3 个亚型。各型标本见图示。

1. Aa 型，好径小于外径的二分之一，但大于外径的三分之一，

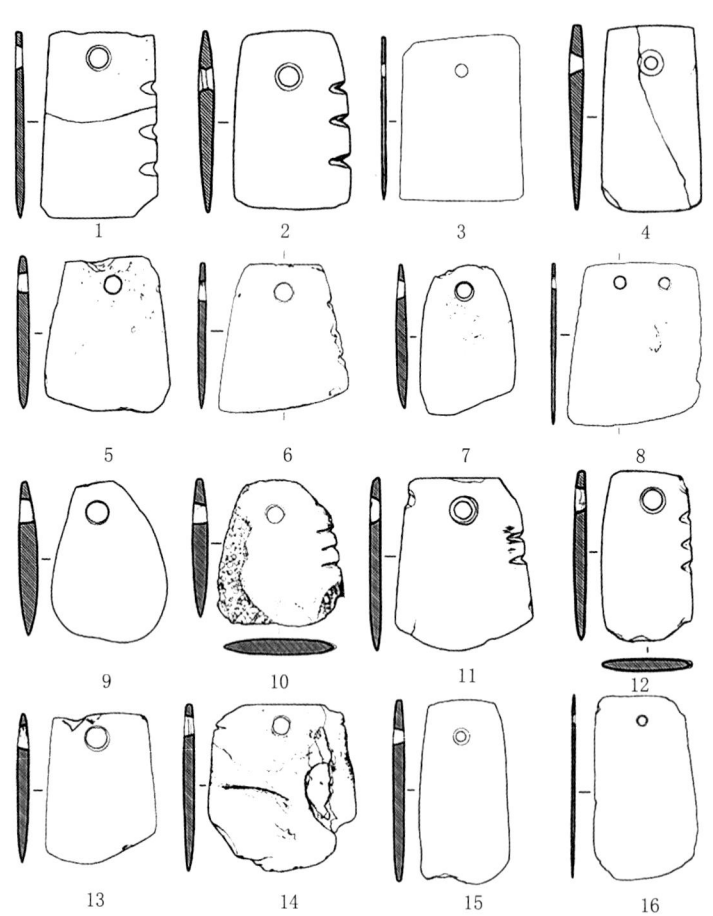

清凉寺二期墓葬出土的 Aa、Ab、Ac 型钺

1-4.Aa 型（M26:3、M46:2、M321:1、M98:1）；
5-8.Ab 型（M27:1、M61:4、M102:1、M79:10）；
9-16.Ac 型（M68:01、M54:11、M67:1、M200:5、M135:3、M112:2、M145:3、M82:7）

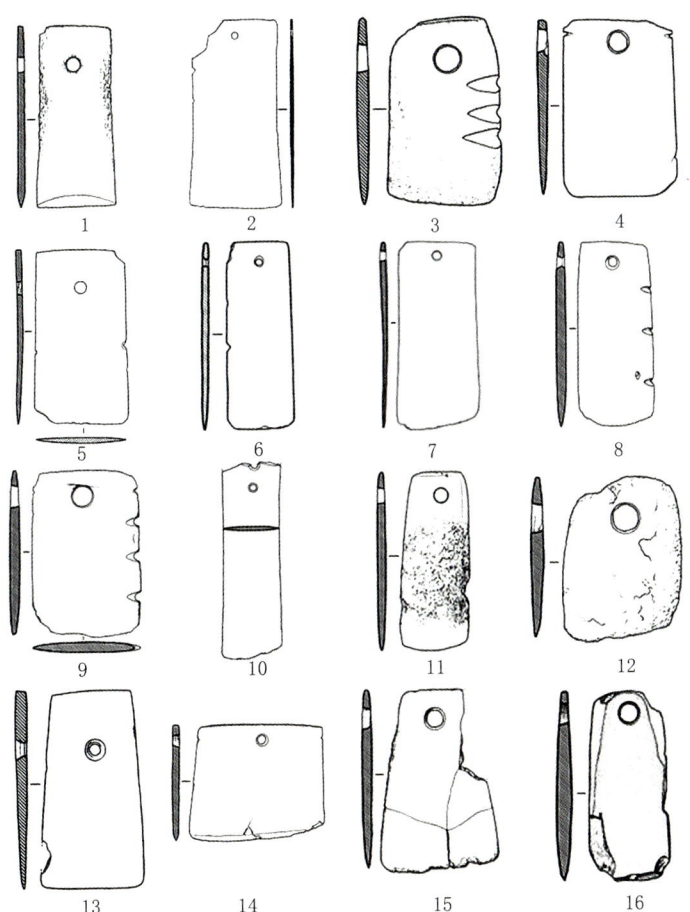

清凉寺墓地二（1－12）、三期（13－16）墓葬出土的钺

1—6.Ba 型（M4:5、M77:1、M4:7、M4:8、M217:2、M93:1）；7、12.Bb 型（M145:5、M48:4）；
8、9、16.Bc 型（M110:1、M111:4、M146:2）；10、11.C 型（M200:4、M76:3）；
13、14.Aa 型（M53:6、M146:1）；15.Ab 型（M53:8）

16 件；

2.Ab 型，好径约略相当于外径的二分之一，上下差额不超过 1 厘米，28 件；

3.Ac 型，好径大于外径的二分之一，但小于外径的三分之二，34 件。

B 型，方形璧，圆角长方形，形制较为规整，1 件。

C 形，牙璧，出土于第三期墓葬墓主人的两臂近腕处，质料为透闪石玉，抛光较好，部分受沁白化，平面外轮廓为方形，四牙边刃明显，1 件。

三、复合璧

22 件，出土于 17 座墓中，男性墓 12 座，女性墓 3 座，性别不清楚的 2 座。出土位置多在墓主人左右臂腕处。其中有 1 件已残，其余 21 件，根据好径与外周直径的关系可分为 3 个亚型：

1.A 型，好径小于外径的二分之一，但大于外径的三分之一，共 1 件；

2.B 型，好径约略相当于外径的二分之一，上下差额不超过 1 厘米，11 件；

3.C 型，好径大于外径的二分之一，但小于外径的三分之二，共 10 件。

二期无 A 型，B 型 7 件，C 型 7 件；三期 A 型 1 件，B 型 4 件，C 型 2 件；四期 C 型 1 件。

四、刀

25 件，出土于 18 座墓中，1 件残，形制不明。其中单孔 1 件，双孔 1 件，三孔 10 件，五孔 5 件，七孔、九孔各 1 件，多孔 5 件，似刀状 1 件。9 座男性墓，7 座女性墓，2 座墓墓主人性别不详。

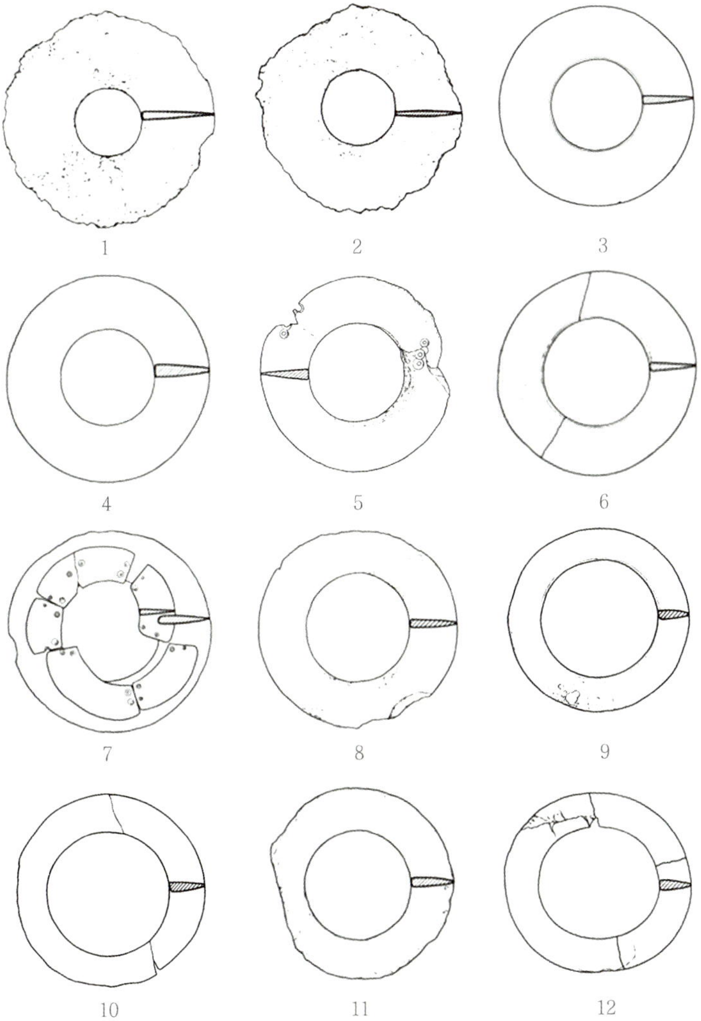

清凉寺二期墓葬出土的 A 型璧

1-4. Aa 型（M61:1、M79:2、M82:4、M112:5）；

5-8. Ab 型（M4:4、M25:1、M82:3、M200:3）；

9-12. Ac 型（M5:1、M54:4、M79:8、M122:1）

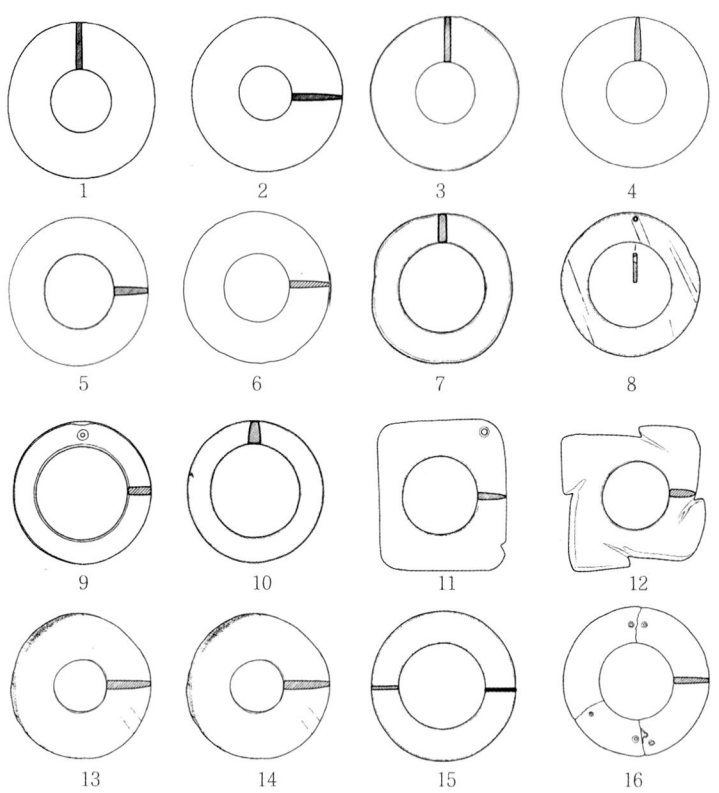

清凉寺墓地出土的璧（1－12 为三期，13－16 为四期）

1-4、13、14. Aa 型（M30:1、M53:1、M87:2、M155:1、M275:3、M275:4）；
5、6. Ab 型（M57:1、M141:1）；
7-10、15、16. Ac 型（M22:1、M29:1、M100:8、M315:1、M275:2、M276:1）；
11. B 型方形璧（M150:3）；12. C 型牙璧（M100:7）

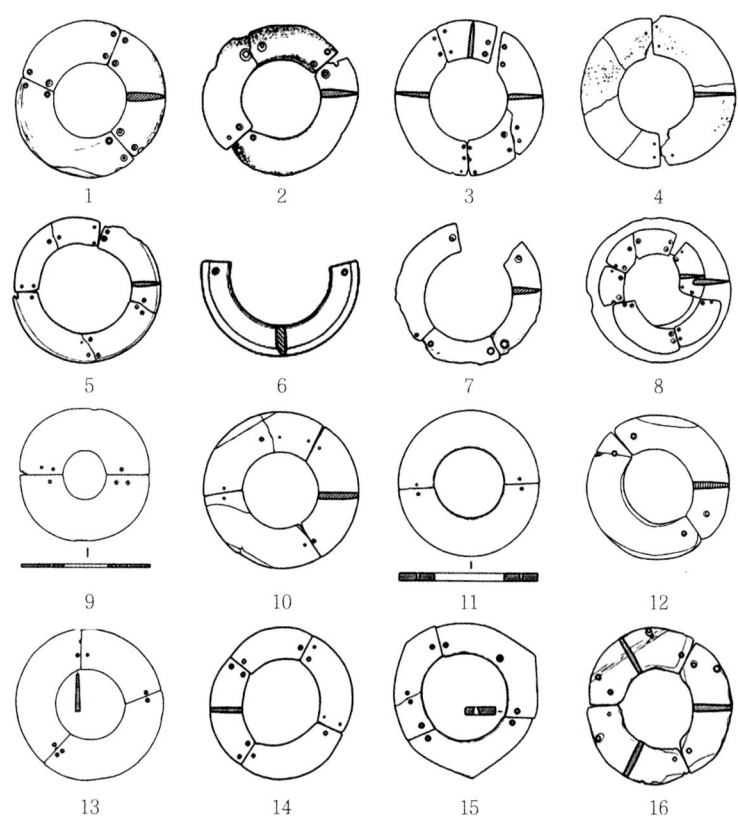

清凉寺墓地出土的 A 型复合璧（1—8 为二期，9—15 为三期，16 为四期）

1—4、10—13、16. B 型（M54:1、M54:2、M119:1、M159:1、M100:6、M100:4、M148:3、M162:1、M201:1）；
9. A 型（M155:2）；5—8、14、15. C 型（M54:3、M78:2、M79:4、M82:12、M57:2、M100:3）

除了 1 件形制不明和 1 件单孔刀外，其余 23 件按平面形状分四型，即 A、B、C、D 型。

A 型，正视呈梯形，顶端（即背端）窄而刃端宽，两端宽度相差 0.8~5 厘米不等，多数相差 4 厘米左右，按刃部分 3 个亚型：

1.Aa 型，平刃，1 件；

2.Ab 型，斜刃，1 件；

3.Ac 型，弧刃，1 件。

B 型，正视呈长方形，两端宽度大致相等，刃端稍宽，两端宽窄相差不超过 0.5 厘米，依刃部可分为 3 个亚型：

1.Ba 型，平刃，3 件；

2.Bb 型，斜刃，3 件；

3.Bc 型，弧刃，7 件。

C 型，正视呈长条形，长度相当于宽度的 3 倍以上，厚度在 1 厘米左右，弧刃，1 件。

D 型，形制较特殊，不规则，双面弧刃，6 件。

二期 Aa 型 1 件，Ab 型 1 件，Ac 型 1 件，Bb 型 3 件，Bc 型 6 件，D 型 3 件；三期 Ba 型 3 件，Bc 型 1 件，C 型 1 件，D 型 3 件。

五、璜

6 件，出自 6 座墓中，其中 3 座为男性墓，2 座为女性墓。质料透闪石玉 3 件，蛇纹石化大理岩 3 件。多数为弧形片状，或为璧、环类残段做成。钻孔工艺是双面钻和单面钻相结合。

六、琮

2 件，出土于 2 座墓中，M52 和 M87 的墓主都为男性，并且都被扰乱。标本 M52：1 外侧为直角方形，中孔呈圆形。标本

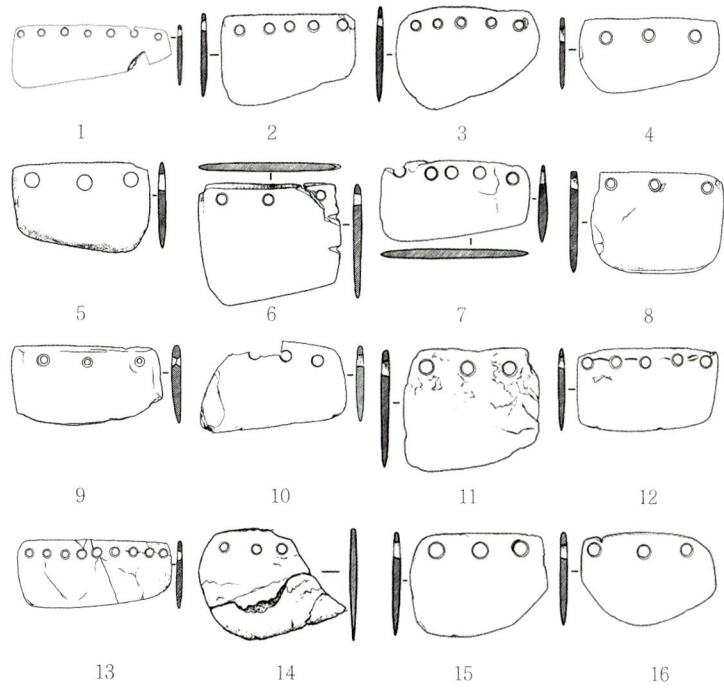

清凉寺墓地二期墓葬出土的刀

1. Aa 型（M73:01）；2. Ab 型（M61:3）；3. Ac 型（M144:1）；
4、5、7. Bb 型（M79:15、M46:1、M112:1）；6、10. Ba 型（M76:1、M54:7）；
8、9、11、12. Bc 型（M123:1、M145:6、M95:1、M200:6）；13. C 型（M145:4）；
14–16. D 型（M82:6、M27:4、M110:2）

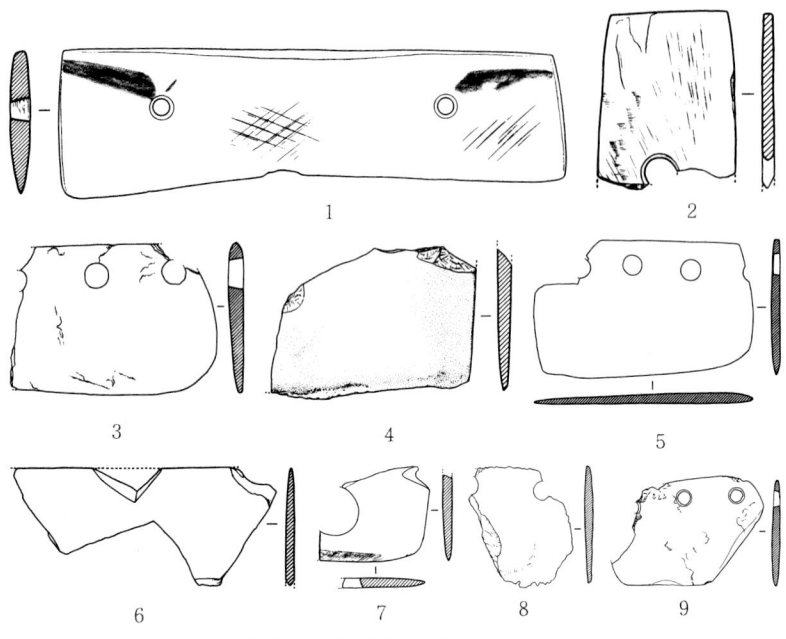

清凉寺墓地三期墓葬出土的刀

1. Ac 型（M146：4）；2.单孔刀（M53：02）；3-4. Ba 型（M53：04、M53：05）；
5、6. Bc 型（M207：03、M53：010）；7-9. D 型（M53：05、M207：04、M53：09）

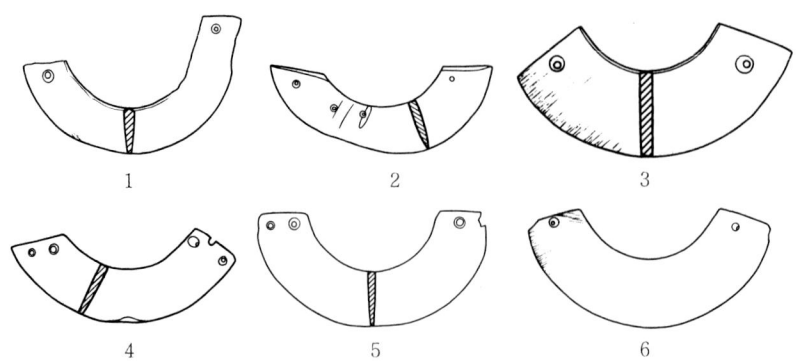

清凉寺墓地出土的璜（1、2 为二期，3－6 为三期）

1-6. 璜（M60：2、M67：3、M241：1、M53：01、M328：01、M167：01）

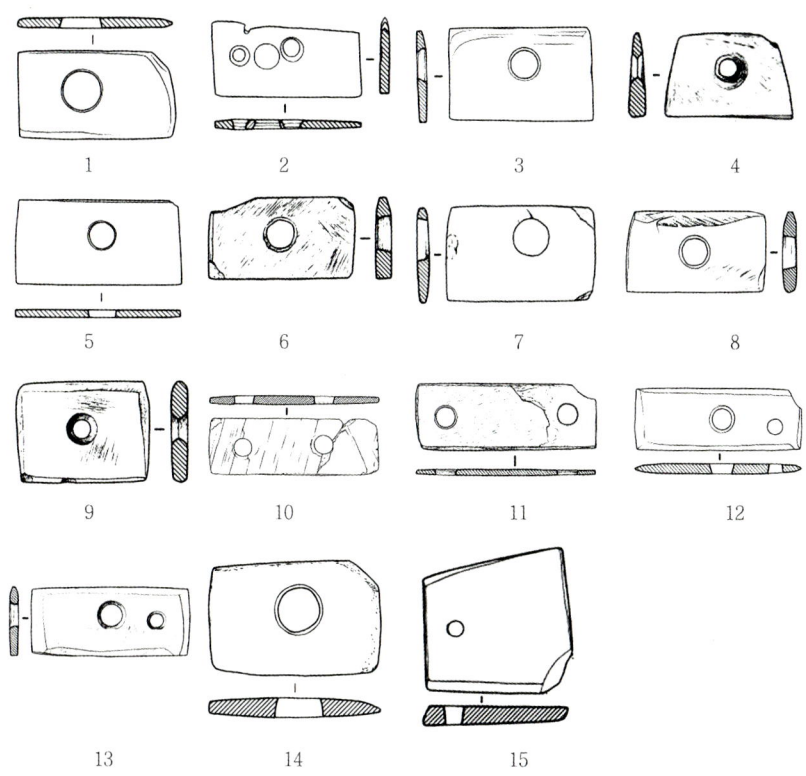

清凉寺墓地出土的带孔石器（1—13为二期，14、15为三期）

1、3-9. 单孔石器（M4:6、M26:2、M46:3、M27:2、M54:9、M135:2、M67:2、M76:2）；
2. 三孔石器（M4:10）；10-13. 双孔石器（M79:11、M82:8、M111:3、M112:3）；
14. 单孔钺形石器（M53:03）；15. 钺形石器（M100:9）

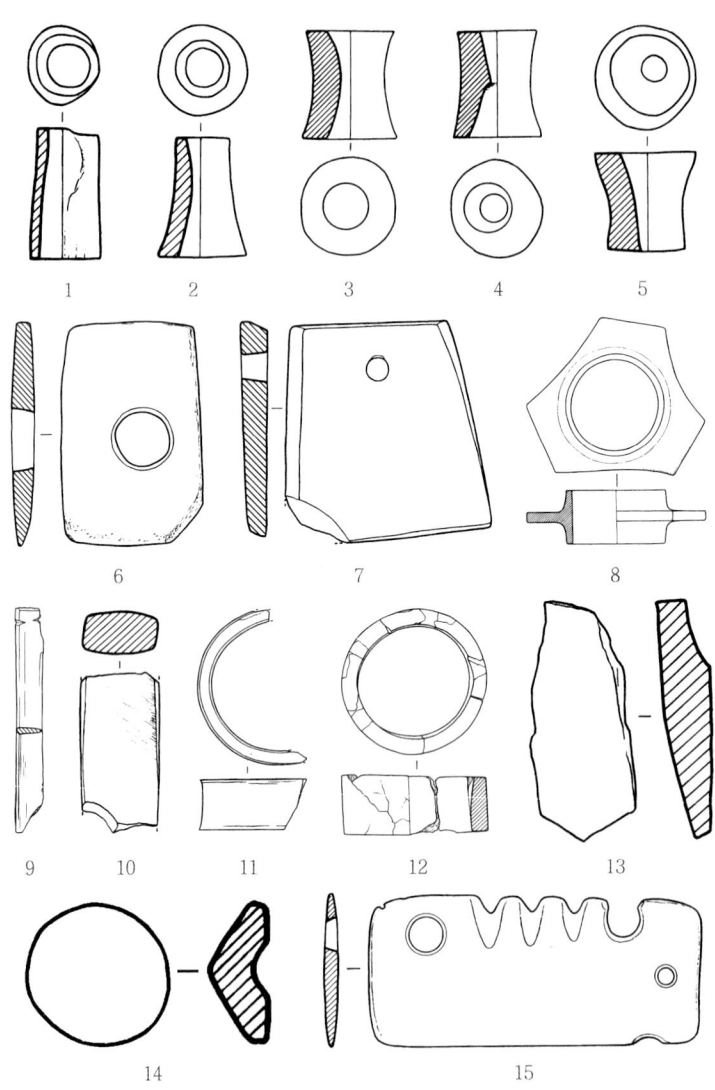

清凉寺墓地三期墓葬出土的其他玉石器

1-5.管状饰（M353:1、M303:01、M149:2、M149:1、M100:2）；6.单孔钺（M53:03）；7.钺（M100:9）；
8.六边形凸沿筒状石器（M146:3）；9.刀状器（M146:13）；10.石器残块（M91:02）；
11、12.石镯（M139:01、M148:2）；13.玉石料（M70:01）；14.石饰品（M146:6）；15.玉梳形器（M146:7）

M87：1外侧为圆角方形，四个角略低于环形琮面。

七、带孔石器

15件，出土于14座墓葬中，其中9座为男性墓，4座为女性墓，还有1座墓主人性别不明。多与钺相伴而出，应属玉钺的柄饰。

八、其他玉石器

17件，出土于12座墓葬中，其中6座为男性墓，3座为女性墓，2座墓的墓主人性别不详，还有1座墓葬未发现墓主人。这些玉石器主要发现于墓葬底部或是二层台。其中半圆形璜1件，石器残块1件，刀状石器1件，六边形凸沿筒状石器1件，石镯3件，玉梳形器1件，石饰品1件，管状石饰4件，管状玉饰1件，动物头状（形制为虎头部轮廓）石饰2件，柱状石器1件。

第二期器物组合比较固定，有璧、环、多孔刀、钺与带孔石器等。多孔刀仅见于第二期。进入第三期后，钺仅见于年代较早的两座墓中，璧、环类器物延续至第四期，但质地和制作水平较差。璧、环类器物在第三期出现了一些形制特别的器型，如牙璧、方形璧、六边形凸沿筒状石器。第三期还出现了具有石家河文化风格的虎头状饰品。第四期发现的玉石器较少，主要为璧、环类器物，质地和制作水平较差。

陶寺遗址[1]

在陶寺遗址范围内发现了数处墓葬区，时代从陶寺早期延续至陶寺晚期，随葬的玉石器包括磬、钺、钺形器、戉、圭、璧、复合璧、环、璜、琮、双孔刀、铲、斧、锛、凿、研磨盘和研磨棒、刀、镞、梳、笄、组合头饰、项饰、臂环、镶嵌腕饰、指环、指套、头部玉石饰件以及其他零散玉石饰件等，共28类。限于资料公布不完全，本节以1978—1985年陶寺遗址发现的玉石器为基础，根据《襄汾陶寺——1978~1985年考古发掘报告》公布的成果，对玉石器的器型进行简要分析。器型标本见相应图示。

一、钺

99件，出土于80座墓中，一般每座墓随葬1件，少数有2~5件。凡未经扰动者，钺在墓中皆横向平置。钺的长度在10~17厘米之间者居多，最短的9.1厘米，最长的19.8厘米；宽度以5~8厘米者居多，最窄的3.6厘米，最宽的19.4厘米。孔径1厘米左右。除15件残损过甚，形制不清外，余84件，按平面形状可分四型，每型中又依刃部形制区分出2~4个亚型。

A型，正视呈梯形，顶端窄而刃端宽，两端宽度相差0.6~0.7厘米，多数相差1厘米左右。该型数量最多，有58件，2件残，其余56件按刃部分4个亚型：

1.Aa型，平刃，15件；

2.Ab型，斜刃，13件；

3.Ac型，弧刃，27件；

4.Ad型，圆刃，1件。

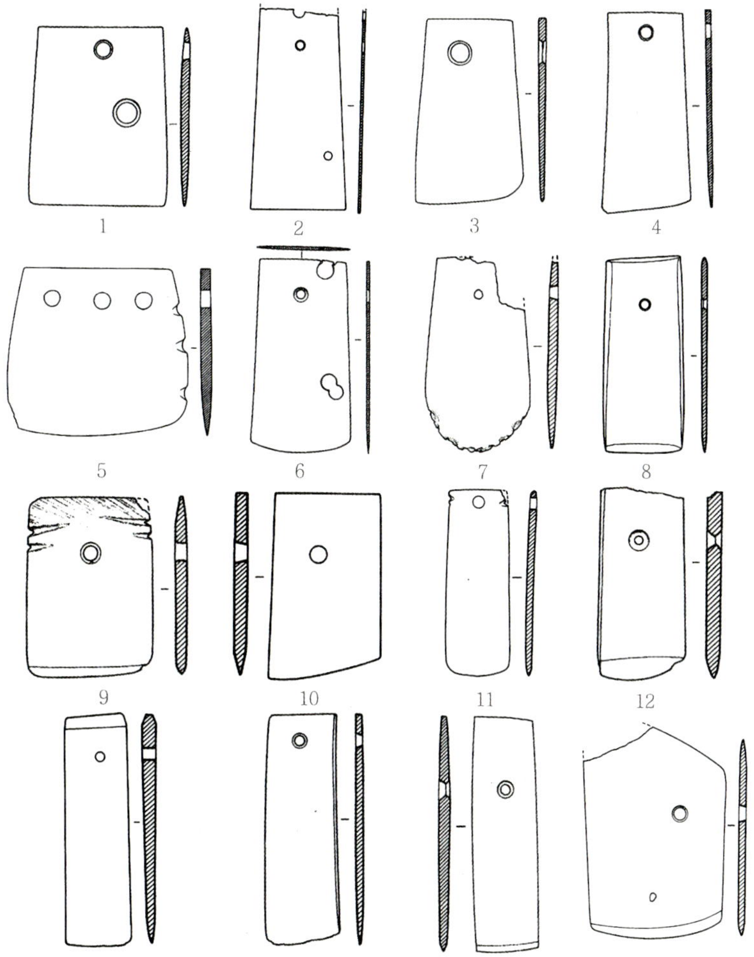

陶寺遗址出土的玉钺

（1、3、5、8、11 为早期；2、4、6、9、12－15 为晚期；7、10、16、17 期属不明）

1、2. Aa 型（M3073：26、M1265：2）；3、4. Ab 型（M2180：30、M1271：2）；

5、6. Ac 型（M2103：24、M3168：10）；7. Ad 型（M1003：1）；8、9. Ba 型（M3015：56、M2075：2）；

10. Bb 型（M2117：3）；11、12. Bc 型（M2035：20、M1267：3）；

13. Ca 型（M3365：2）；14、15. Cb 型（M2122：2、M1644：1）；16. D 型（M3010：1）

　　B 型，正视呈长方形，有的两端宽度相等，大多并不完全相等，刃稍宽，共 20 件，1 件残，余 19 件，依刃部可区分为 3 个亚型：

　　1.Ba 型，平刃，9 件；

　　2.Bb 型，斜刃，4 件；

　　3.Bc 型，弧刃，6 件。

　　C 型，正视呈长条形，长度相当于宽度的 3 倍以上，且宽度都在 5 厘米以下，5 件，依刃部区分为 2 个亚型：

　　1.Ca 型，平刃，3 件；

　　2.Cb 型，斜刃，2 件。

　　D 型，残，两侧一为圆边，一为刃状边，一端作弧刃，1 件（标本 M3010:1）。

　　二、璧

　　64 座墓中随葬 76 件，另在 4 座墓的填土中出土 6 件。男性墓 38 座，疑为男性墓 5 座，女性墓 12 座，疑为女性墓 1 座，不辨性别或未经鉴定的 8 座。从出土位置来看，大部分璧可能悬挂于墓主身上，又以上身右侧部位居多，似乎是佩饰；少数作为臂饰、腕饰，套在臂部、腕部或平置于手上。至于握在手中者，可能有另外的含义。平置于尸身上、下的璧，也不排除是下葬过程中作为祭玉放置的。可辨型式的璧共 72 件，按外周及中孔形状，区分为三型：

　　A 型，外周及中孔均作圆形，65 件。依好径与外周直径的比例，可分为 3 个亚型：

　　1.Aa 型，好径小于外周直径的二分之一，但大于外周直径的三分之一，即好径大于一侧肉的宽度，15 件。

　　2.Ab 型，好径约略相当外周直径的二分之一，即好径约略相当

两侧肉宽之和，上下误差不超过1厘米，22件。

3.Ac 型，好径大于外周直径的二分之一，即大于两侧肉宽之和，但小于外周直径的三分之二，28件。

B 型，中孔作椭圆形，外周或作椭圆形，或作圆角长方形，或作多边形，6件。

外周作椭圆形者为标本 M3216∶4，外周作圆角长方形者为标本 M3152∶2 和 M3372∶2，外周作多边形者为标本 M2052∶1 和 M3111∶1。另一件 M3260∶1 已残碎，内缘作椭圆形，外周形状不明。

C 型，牙璧，1件，标本 M1365∶4，中孔及外周均为不甚规则的圆形，肉的外缘等分璧牙4组，每组有尖状突齿6枚，出土时斜置于墓主人右小臂内侧。

三、复合璧

在7座墓中发现8件，每件由2~5节璜组成，套在墓主人臂部，多套于右臂。其形制与装饰作用同套在手臂上的璧相类。7座墓中，男性墓5座、女性墓1座、性别不明者1座。8件复合璧分为二型：

A 型，中孔与外周均作圆形，1件。

B 型，对合后的中孔呈不规则圆形或不规则椭圆形，外周则多作不规则椭圆形，7件。依好径与外周直径的比例，分为3个亚型：

1.Ba 型，好径小于外径的二分之一，但大于外径的三分之一，2件。

2.Bb 型，好径约略相当于外径的二分之一，2件。

3.Bc 型，好径大于内径的二分之一，但小于外径的三分之二，3件。

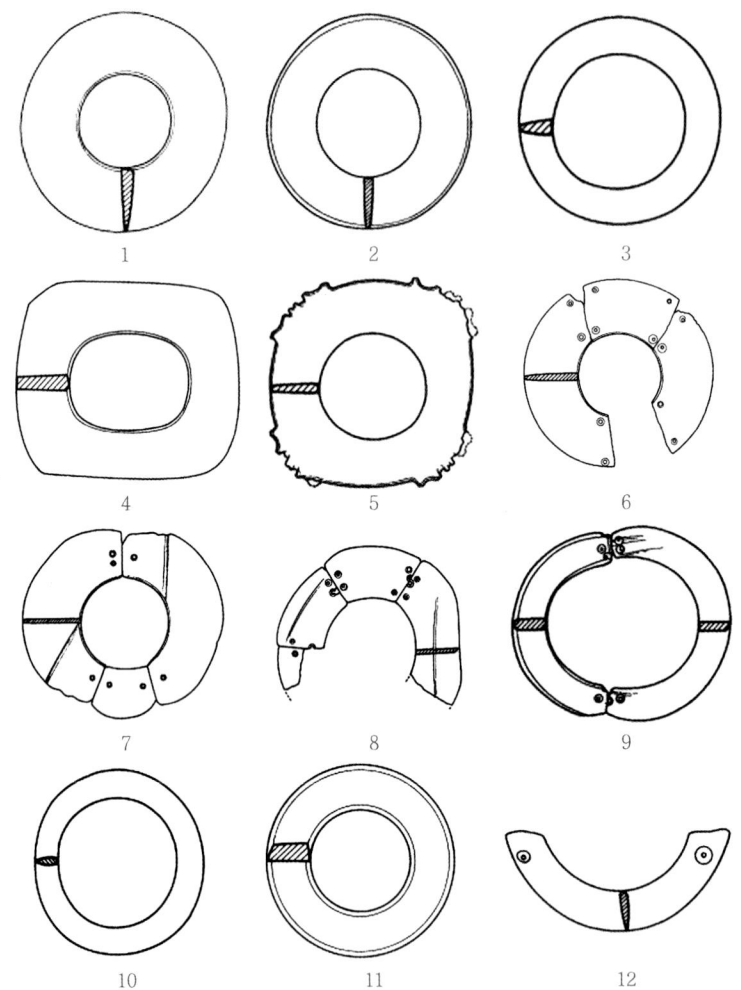

陶寺遗址出土的玉器
（1－3、5、9 为晚期；4、6－8、10 期属不明；11、12 为早期）

1. Aa 型璧（M1232:1）；2. Ab 型璧（M1650:1）；3. Ac 型璧（M3365:1）；4. B 型璧（M3152:2）；
5. C 型牙璧（M1365:4）；6. A 型复合璧（M1453:2）；7. Ba 型复合璧（M3021:2）；
8. Bb 型复合璧（M2042:3）；9. Bc 型复合璧（M1449:1）；10. A 型环（M1369:2）；
11. B 型环（M3015:3）；12. 璜（M2025:1）

四、璜

2件，两端钻有 1～2 孔。

五、琮

13件，出土于13座墓中，男性墓6座、女性墓2座，其余不确定。13座墓中，晚期墓6座，其余期属不明。琮的出土部位明确的有12件，多在墓主人右侧臂部，在左臂和胸、腹间的1件。琮的形制有外方内圆和圆形两类，都是扁矮的单节。最低的1.4厘米，最高的8.5厘米，多数器高2～5厘米。6件素面，另7件在四面正中部位有竖向带状宽槽，并多在四角有一至数道横向窄槽。可分以下五型：

A 型，外侧近方形，四边有的磨成直边，以近90° 角相交，均素面，4 件。

B 型，外侧为圆角方形，中孔作不规则圆形或近似圆角方形，

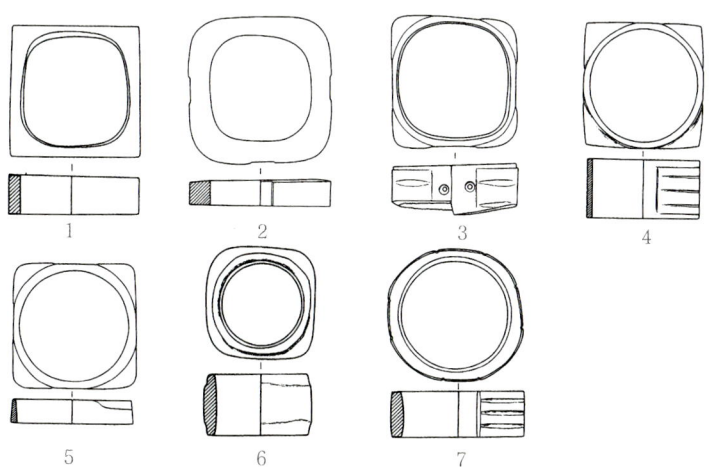

陶寺遗址出土的玉琮（1、3 期属不明；2、4-7 为晚期）

1.A 型（M1699∶1）；2.Ba 型（M2075∶1）；3.Bb 型（M3161∶5）；4.C 型（M3168∶7）；
5.Da 型（M1271∶4）；6.Db 型（M1282∶2）；7.E 型（M1267∶2）

外边中部有竖向带状宽槽，2件。

C 型，外侧作近直角的方形，中孔为较规整的圆形，四边中部有竖向带状浅槽或无竖向槽，四角有 3~5 道横向窄槽，上、下出射，3件。

D 型，外侧作圆角方形，中孔呈圆形，四边中部有竖向带状浅槽或无竖向槽，均无横槽，3件。

E 型，外侧近圆形，通体如筒状臂环，俯视近圆环状，1件。

六、双孔刀

6 座墓中各出土 1 件，采集 1 件，共 7 件。凡出双孔刀的墓，墓主人皆为男性，有早期墓，也有晚期墓。双孔刀的出土位置大多数是纵向平置在墓主人下肢旁。刀的平面形制多呈梯形、倒置梯形。刀背与刃部等宽的 1 件，背窄刃宽的 5 件，背宽刃窄的 1 件。刀的左右两侧则大多宽窄不等。刃部有使用痕迹的 3 件。

陶寺墓地还出土了一些玉石器装饰品，如 7 件玉石梳、4 件笄、24 组玉骨组合头饰（即由玉环、玉坠饰或玉笄等两三类玉饰件以及若干枚绿松石嵌片同骨笄组合成的头饰）、5 串项饰、5 件臂环、8 件绿松石镶嵌腕饰、8 件指环、2 件指套以及其他轮形饰、管状饰、璜形饰、不规则形饰等。

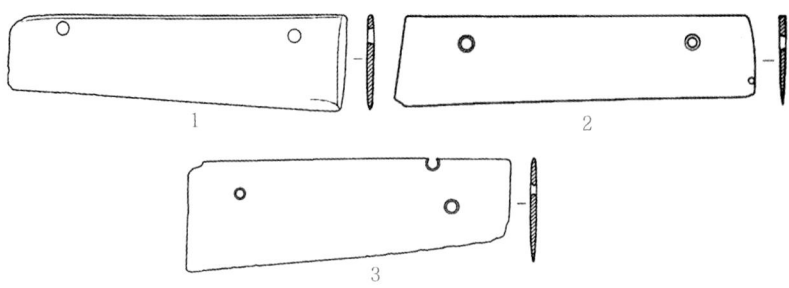

陶寺遗址出土的双孔刀（1 为早期，2、3 为晚期）

1. M3015：49；2. M3168：8；3. M3175：10

陶寺遗址出土的早期玉器

1、2、4. 钺（M3073∶26、M3002∶4、M2035∶20）；3. 璜（M2025∶1）；5. 圭（M3032∶2）

陶寺遗址出土的晚期玉器

1.璧（M1361：8）；2.复合璧（M1449：1）；3、7.琮（M1271：4、M3168：7）；
4-6.钺（M1265：2、M3168：9、M3168：10）；8.刀（M3168：9）

参考文献：

[1] 中国社会科学院考古研究所，山西省临汾市文物局.襄汾陶寺——1978~1985年考古发掘
报告[M].北京：文物出版社，2015：673-796.

下靳墓地 [1]

下靳史前墓地发掘的 533 座墓葬基本分布在面积 2500 余平方米的范围内，按照头向的不同可分为 A、B 两类。A 类头向东南，约占墓葬总数的 77.8%；B 类头向东北，约占 22.1%。A 类墓有 35% 左右的墓有随葬品，随葬品种类以玉石器为主，包括钺、璧、双孔刀、镞、凿、镶嵌腕饰、璜形饰、管等；另有少量石器，因为残断，无法判断其原来的形制。现将其按类型整理如下，器型标本见相应图示。

一、钺

59 件。出土于 52 座墓中，墓大小约为长 200 厘米，宽 50 厘米。一般每座墓随葬 1 件钺，出土 2 件的有 9 座墓，分别为 M218、M245、M372、M406、M439、M472、M483、M518、SKM13 [2]（在墓葬前加 SK，以示中国社会科学院考古研究所发掘的墓），其中 7 座墓的墓主人为男性，另 2 座墓的墓主人性别不清。钺多数出土于男性墓中，墓主属于女性的有 6 例，性别不清者 9 例。

经鉴定，钺的质料属透闪石的有 1 件，以大理岩为质料的占多数。多为磨制，6 件两侧均为刃状边。有 1 件近顶端一侧打出缺口，即 M472：1，应是便于缚柄。经观察，多件器物表面经抛光处理，其中有 1 件钺（M483：5）顶端无孔，器体较薄，且做过抛光，光洁鉴人，可能更具象征意义。

一般是在钺近顶部中间钻出一孔，孔径 1 厘米左右。仅 M218：3 钻 2 个孔，应是断裂后为修补而钻。钻孔多为桯钻，有单面钻和对钻两种，单面钻较多。

107

　　钺的长度以 11~16 厘米居多,最短的 3.9 厘米,最长的 19.7 厘米;宽度以 5~8 厘米居多,最窄的 1.3 厘米,最宽的 10 厘米。有 2 件表面遗有朱砂痕迹。钺刃部无明显或不甚明显的使用痕迹。

　　59 件钺按平面形状分为 A、B、C 三型,每型中又依刃部形制区分出 3 个亚型。

　　A 型,正视呈梯形,顶端(即背端)窄而刃端宽,两端宽度相差 0.6~3 厘米,多数相差 1 厘米左右,共 32 件,因残不能辨认刃端的有 1 件(M245:2),余 31 件,按刃部分 3 个亚型:

　　1.Aa 型,平刃,9 件;

　　2.Ab 型,斜刃,12 件;

　　3.Ac 型,弧刃,10 件。

　　B 型,正视呈长方形,两端宽度大致相等,刃端稍宽,两端宽窄相差不超过 0.5 厘米,共 23 件,依刃部可分 3 个亚型:

　　1.Ba 型,平刃,8 件;

　　2.Bb 型,斜刃,6 件;

　　3.Bc 型,弧刃,9 件。

　　C 型,正视呈长条形,长度相当于宽度 3 倍以上,共 4 件,依刃部分 3 个亚型:

　　1.Ca 型,平刃,1 件;

　　2.Cb 型,斜刃,2 件;

　　3.Cc 型,弧刃,1 件。

　　二、璧

　　18 件。关于璧、环、瑗的定名,《尔雅·释器》载:"肉倍好谓之璧,好倍肉谓之瑗,肉好若一谓之环。"结合出土资料看,先

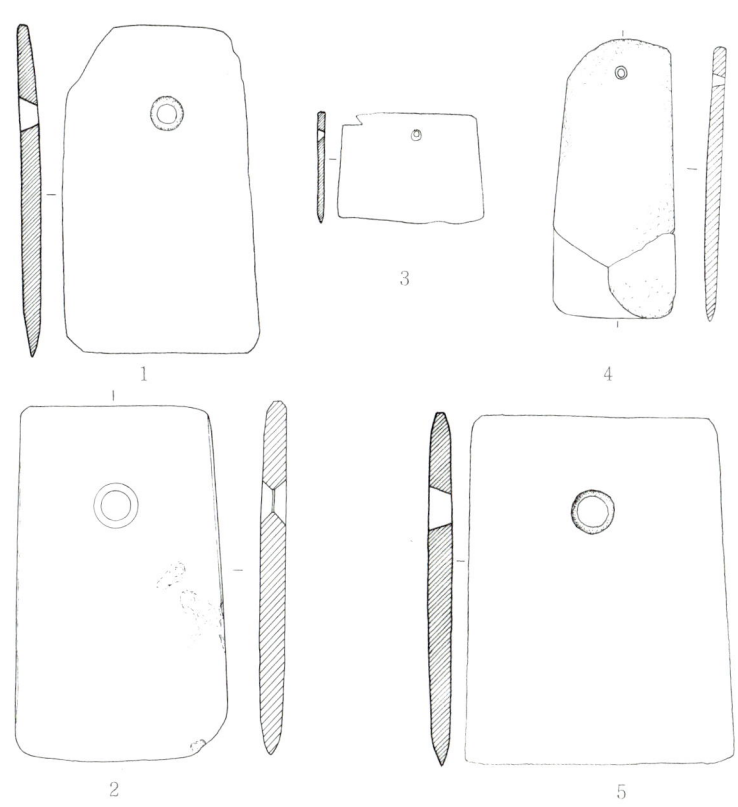

下靳墓地出土的 Aa 型钺

1. M519∶1；2. M327∶1；3. M119∶2；4. M394∶1；5. M250∶10

秦时期的扁圆形玉器之中，肉、好的比例实际上很不规则，造成此
类玉器在定名上的混乱。夏鼐先生提出将璧、环、瑗三者总称为"璧
环类"或简称为"璧"的主张，本书即沿用此说。墓地出土玉石璧
18 件，出土于 18 座墓中，墓主为男性者 11 座、女性者 6 座，性
别不清楚的 1 座。

下靳墓地出土的 Ab 型钺

1. M406：2；2. M483：5；3. M406：3；4. M409：1；5. M410：1；
6. M401：1；7. M440：1；8. M153：2；9. M47：8；10. M379：1

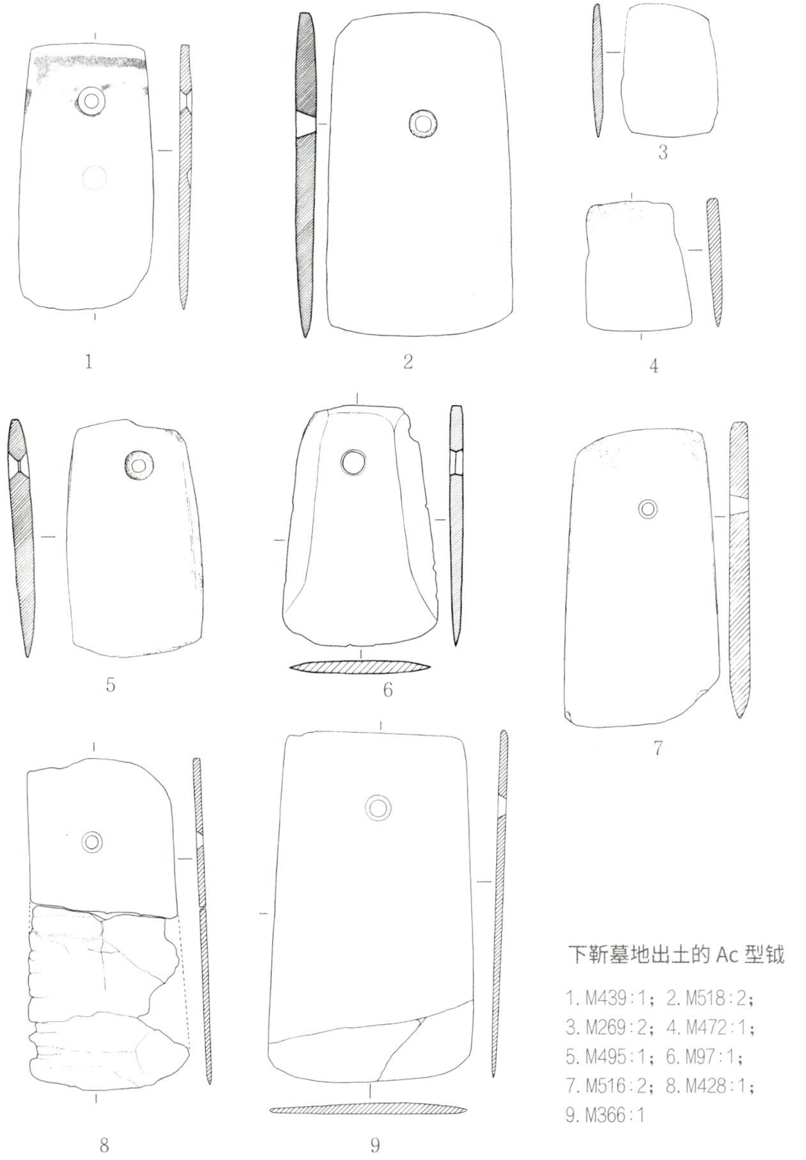

1

2

3

4

5

6

7

8

9

下靳墓地出土的 Ac 型钺

1. M439:1；2. M518:2；

3. M269:2；4. M472:1；

5. M495:1；6. M97:1；

7. M516:2；8. M428:1；

9. M366:1

111

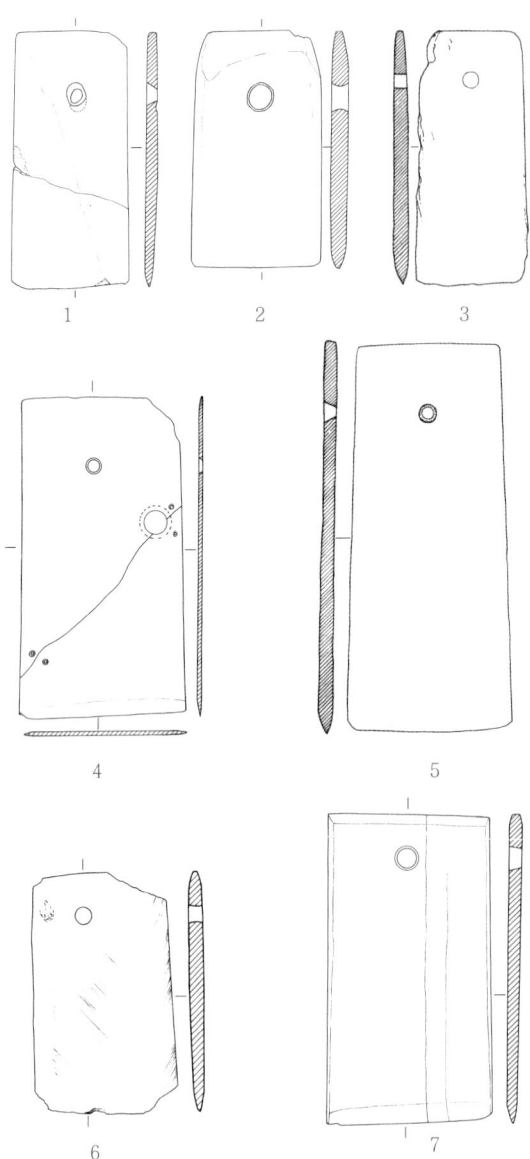

下靳墓地出土的 Ba 型钺

1. M335∶1；2. M483∶7；3. M218∶4；4. M218∶3；5. M48∶3；6. M49∶1；7. M211∶1

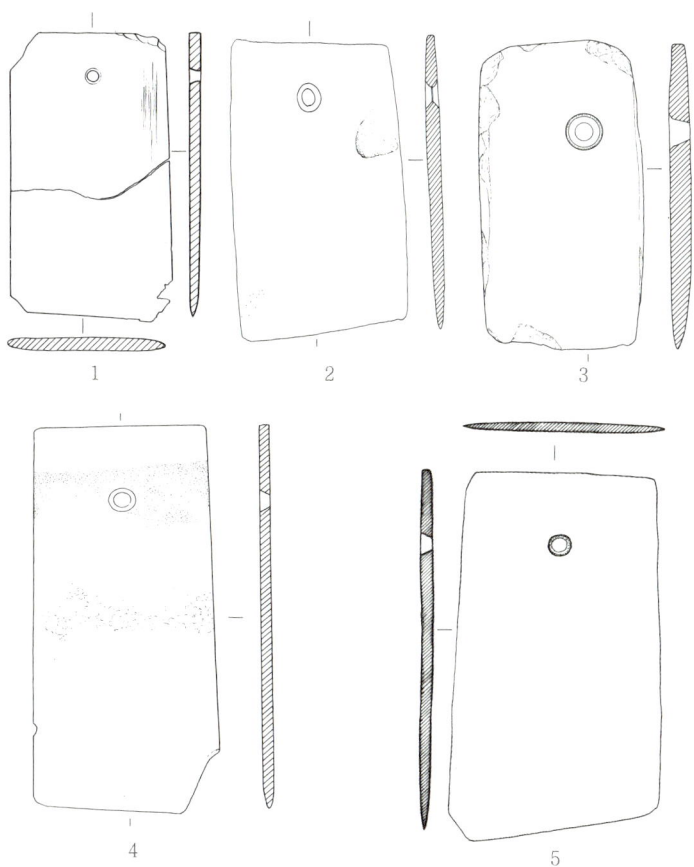

下靳墓地出土的 Bb 型钺

1. M3：1；2. M472：3；3. M374：2；4. M518：1；5. M221：2

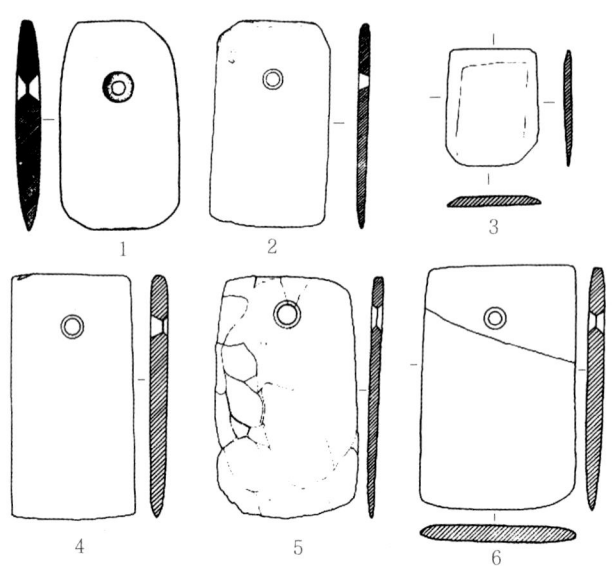

下靳墓地出土的 Bc 型钺

1. M227∶1；2. M515∶1；3. M263∶1；4. M332∶1；5. M477∶1；6. M439∶2

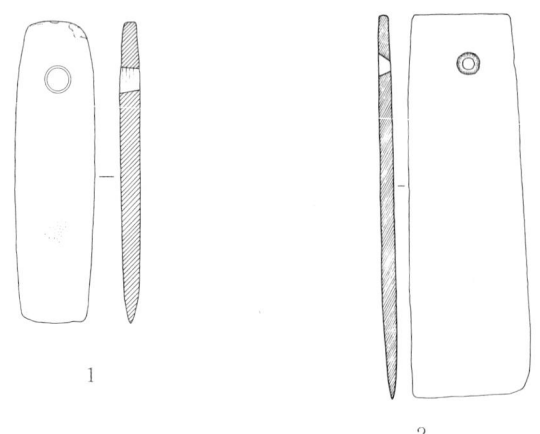

下靳墓地出土的 C 型钺

1. Ca 型钺（M413∶1）；2. Cb 型钺（M45∶2）

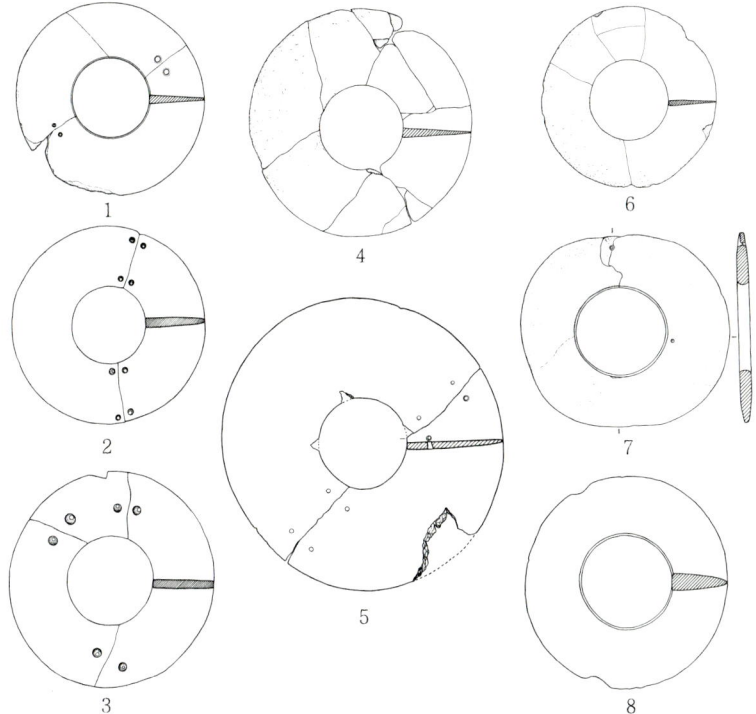

下靳墓地出土的 Aa 型璧

1. M268：3；2. M145：1；3. M406：1；4. M241：6；5. M141：1；6. M372：2；7. M213：3；8. M221：1

　　4 件出土位置已扰乱，出土位置未扰乱且比较明确的有 14 件。置于或套于墓主人右前臂的有 11 件，另有 2 件置于右肱骨上、1 件套于右手上。

　　多数璧的内外缘由厚至薄出刃，少数内外缘形制一致。按外周及中孔形制可分两型，即 A 和 B 型。

　　A 型，外周及中孔均呈圆形，外径最大的 23 厘米，最小的 4.7 厘米，大多在 11~17 厘米之间；好径最大的 11.8 厘米，最小的 2.1

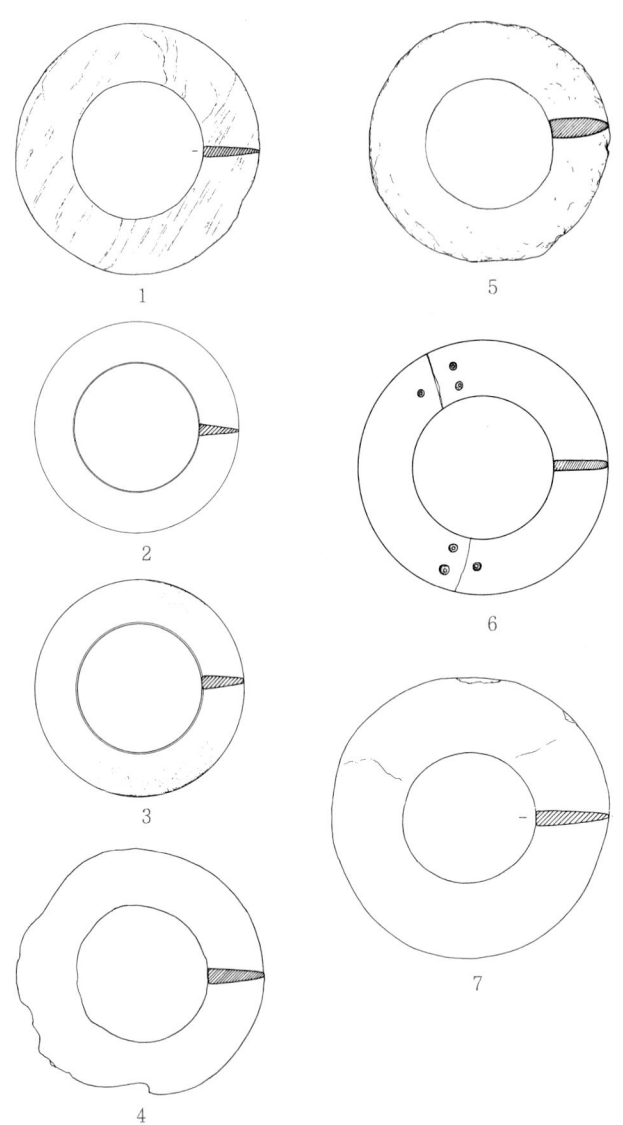

下靳墓地出土的 Ab、Ac 型璧

1、7.Ab 型璧（M218:2、M70:2）；2-6.Ac 型璧（M352:1、M245:4、M273:1、M45:1、M47:7）

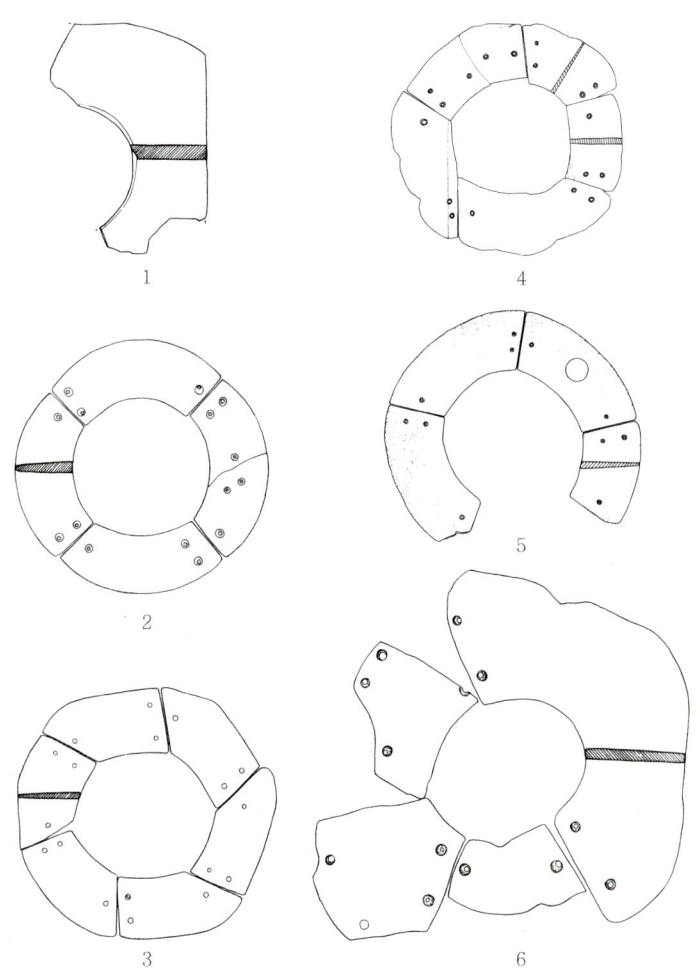

下靳墓地出土的 B 型璧和复合璧

1.B 型璧（M150：2）；2-6.复合璧（M229：1、M483：6、M472：2、M516：1、M108：1）

厘米，多数在 6~7 厘米之间；厚度多在 0.5~0.8 厘米之间，最厚的 1 厘米。依好径与外周直径的比例，可分 3 个亚型：

1.Aa 型，好径小于外径的二分之一，8 件；

2.Ab 型，好径约略相当于外径的二分之一，上下误差不超过 1 厘米，共 4 件；

3.Ac 型，好径大于外径的二分之一，但小于外径的三分之二。5 件。

B 型，中孔为椭圆形，外周呈圆角长方形，1 件，标本 M150:2，已残。

三、复合璧

由多节璜连在一起，合成圆形，每节璜的两端各有一两个小孔，应是穿线绳或皮条所用。复合璧共出土 8 件，发现于 8 座墓中，其中男性墓 5 座、女性墓 1 座、性别不明者 2 座。出土位置未扰乱的墓中，所出复合璧 3 件套于墓主人右前臂，1 件套于左前臂，1 件置于右肱骨处。除 2 件稍规整外，即 M229:1 与 M516:1，其余形制多不规整，拼合成的复合璧外周和中孔多呈不规则圆形或椭圆形。

四、双孔刀

6 件。出土于 6 座墓中，墓主皆为男性。平面形制呈梯形，背窄刃宽，刀的左右两侧均宽窄不一，刃部无明显使用痕迹。2 件双孔刀背端和刃端均为双面刃，另 4 件的背端为平背。双孔的位置近刀背，但也有 2 件双孔的位置分布有别，一孔近刀背中部，一孔近窄端侧面中部。刃部多斜直，仅 1 件刃部内凹。

五、琮

2 件。出土于两座墓中，均被扰乱，1 座为女性墓，1 座墓

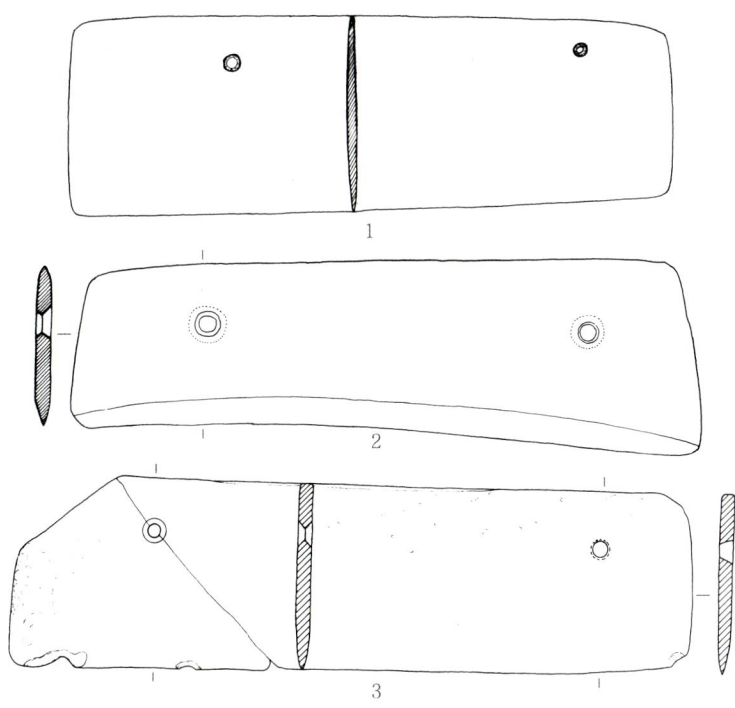

下靳墓地出土的双孔刀

1. M58:1；2. M153:1；3. M385:1

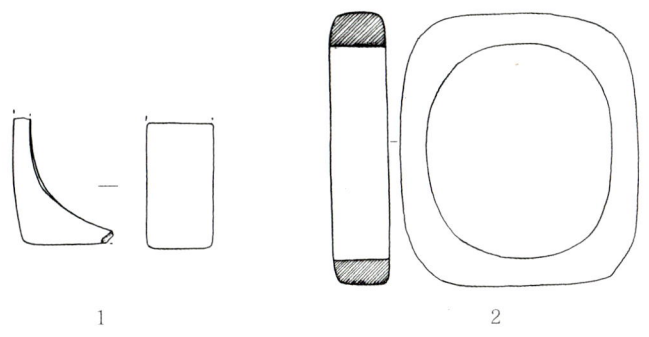

下靳墓地出土的琮

1. M115:1；2. M235:2

主人性别不详。1件琮已残，外侧为直角方形，中孔呈圆形，标本 M115∶1；1件琮外侧为圆角方形，中孔近圆形，标本 M235∶2。

六、圭

2件。器身呈长条形，上端有三角形尖锋，下端平直，标本 SKM15∶3。

七、有领环

3件。出土于3座墓中，每座墓出土1件。所在墓均被扰乱，墓主性别不详。横切面呈楔形，内缘厚，外缘薄，内缘起棱。1件为大理岩，其余2件为蚀变大理岩。标本 M234∶1，白色，外径10.5厘米，内径6.2厘米。

八、绿松石镶嵌腕饰

3件。出自3座墓中，墓主皆为女性。镶嵌所用的绿松石片饰，呈不规则形，绿色，大小不一，表面多磨光。绿松石皆粘于黑色胶状物上，黑色胶状物有较强的黏合性。出土时套于墓主人手臂。

九、轮形饰

4件，1件已残。出土于4座墓中，每座墓各出土1件。墓均被扰乱，其中2座为男性墓、1座为女性墓、1座墓主人性别不明。平面作圆形，扁平，中央穿孔，直径为3厘米左右。其质料，2件属于大理岩，1件属伊利石。

十、梯形花边石片

1件。M255∶1，青白色，器体断裂，右侧边略残。器身近梯形，窄端有肩，近顶端有一对钻圆孔，厚度均匀，但宽端略薄，两侧及宽端中部有一圆形凹槽，通体抛光。

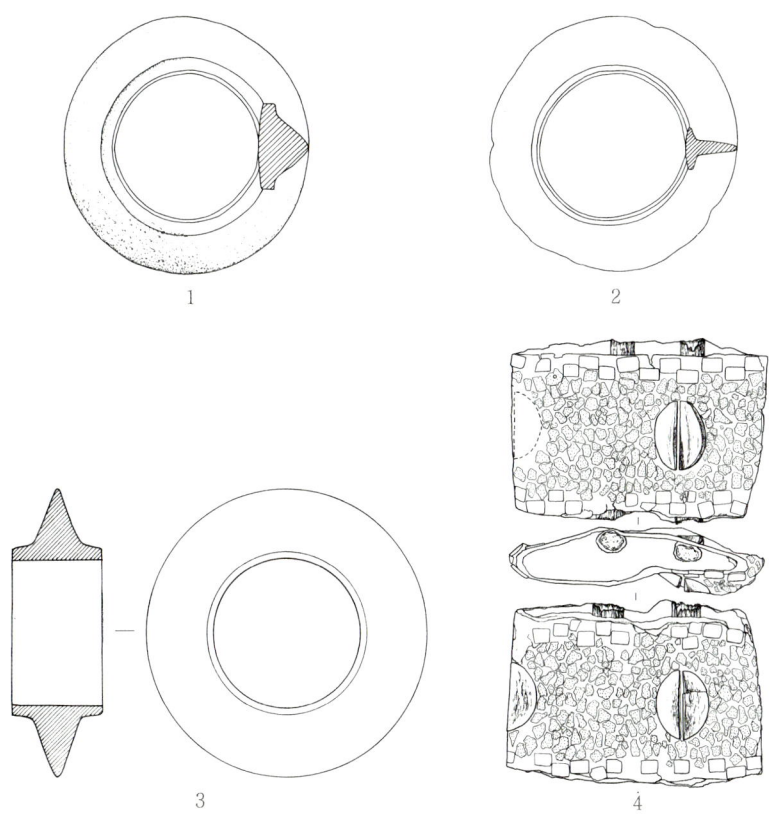

下靳墓地出土的有领环、镶嵌腕饰

1-3.有领环（M276：1、M234：1、M279：2）；4.镶嵌腕饰（M139：3）

十一、V形槽饰

6件。出土于4座墓中，其中1座墓（M483）出土3件，其余均出土1件。

十二、管

32件。出土于13座墓中。柱状，横截面呈圆形或椭圆形，中

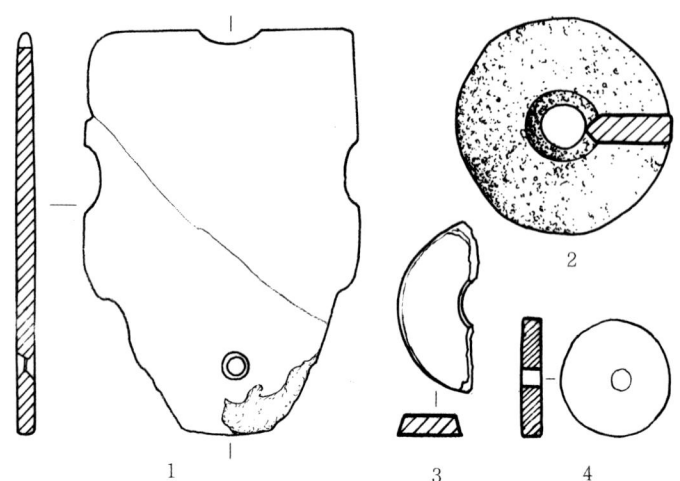

下靳墓地出土的梯形花边石片、轮形饰

1.梯形花边石片（M255:1）；2-4.轮形饰（M44:3、M12:2、M47:3）

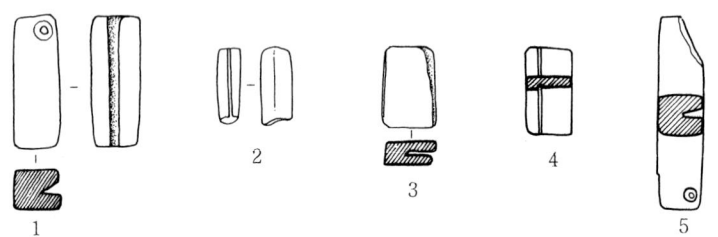

下勒墓地出土的 V 形槽饰

1.M483:3；2.M47:1；3.M483:4；4.M492:1；5.M483:8

孔呈圆形，1件器身为梯形，可分五型：

A 型，方管状，圆孔，11件。如标本 SKM51:4。

B 型，圆管状，圆孔，9件。如标本 M66:1、M124:1、M205:1、SKM13:2:2。其他 5 件分别出自 SKM3、SKM13、SKM39、SKM78。

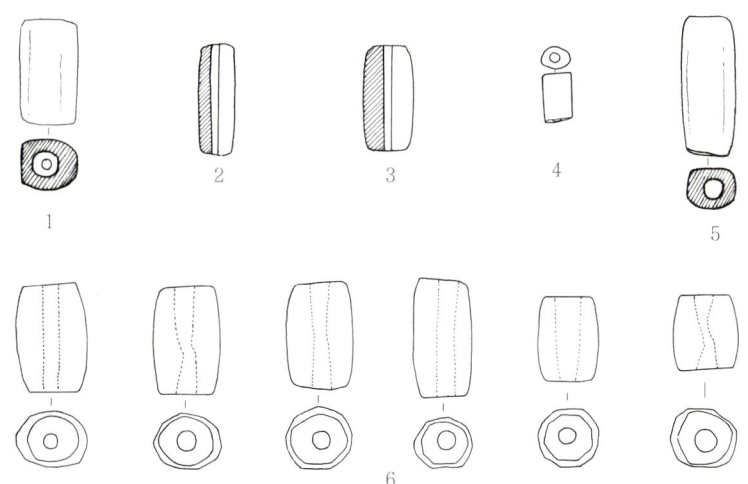

下靳墓地出土的管

1. M483：2；2. M124：1；3. M205：1；4. M66：1；5. M58：2；6. M250：2—M250：7

C 型，长管状，3 件。标本 M483：2、M58：2、SKM37：5。

D 型，器身作鼓形，横截面呈椭圆形，8 件。标本 M250：2—M250：7、SKM37：1。

E 型，器身主体为梯形，1 件。标本 SKM78：2：2。

十三、璜或璜形饰

19 件。出自 16 座墓中，其中 3 座墓各出土 2 件（M47、M250、M492），其余各出土 1 件。多数为弧形片状，或为璧、环类残段做成。

十四、笄

4 件。出土于 4 座墓中，均位于墓主人头骨处，可分为两型：

A 型，扁平长条形，末端呈刀状，共 3 件。标本 M122：1。

B 型，柱状，1 件。标本 M12：1。

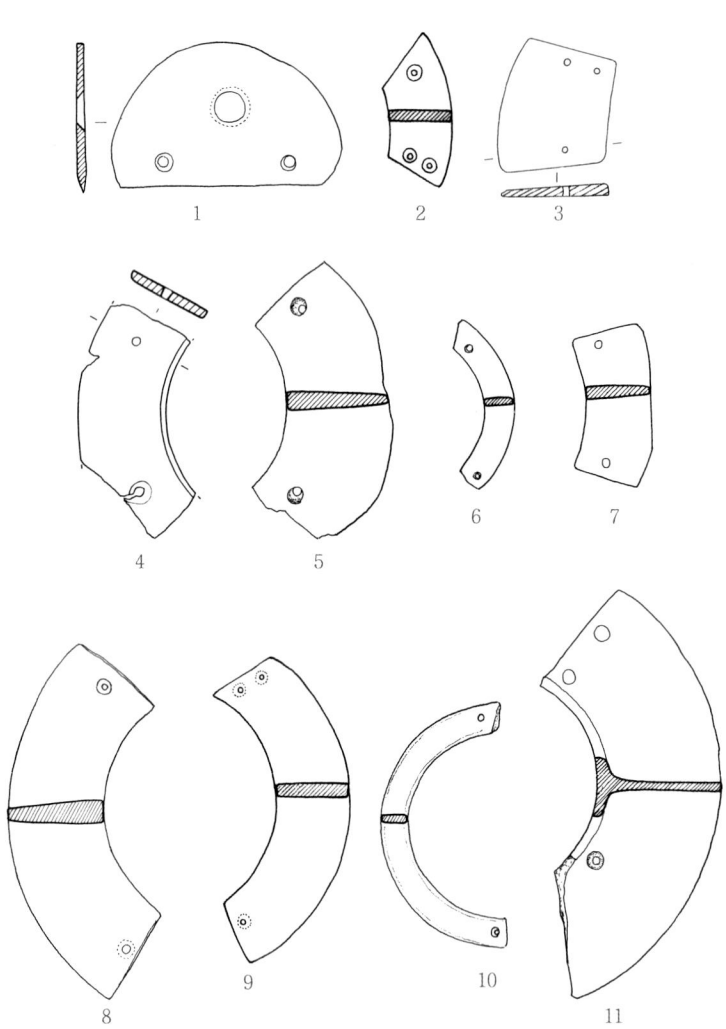

下靳墓地出土的璜或璜形饰

1. M375:1；2. M492:2；3. M218:1； 4. M139:4；5. M409:2；6. M47:2；
7. M47:4；8. M483:1；9. M492:3；10. M12:7；11. M124:3

十五、其他形状类玉石器

形状有扁条形、柄形、锥形、梭形、梯形、扇形、三角形、弧形、凹形、不规则形等多种。另有其他杂饰 20 件，型式不明杂饰 9 件，器类不明 5 件。

下靳墓地出土玉石器的种类有礼器、武器和装饰品，大部分出自墓圹仅容尸体的小墓内。礼器有钺、双孔刀，武器仅见石箭镞，装饰品有璧、环、璜、绿松石腕饰、串饰等。

钺一般为白色、褐色、灰绿色，少数为青灰色，整体呈梯形或长方形，器表打磨光滑。有些原可能有垂直的缚柄，但已腐朽不存。就钺的出土部位而言，经统计，未经扰动的墓中所发现的钺，皆横向平置，多置于墓主人髋骨或股骨上。出土两件且未扰乱位置的墓 M218、M483，一件置于墓主人右髋骨或股骨，另一件置于右臂外侧；M245、M406 在墓主人头部出土一件，另一件出自肋骨或左股骨处；M372 所出土的钺，一件置于髋骨上，另一件置于股骨上。

下靳墓地出土了 6 件双孔刀，用白色、褐绿色带花纹的玉石制成，整体磨制十分精细，除 1 件发现于墓主人右股骨上外，其余 5 件均纵向置于墓主人左臂外侧的墓壁处，其刃缘朝下或平行于人体，宽端在上，窄端在下。双孔刀比钺的数量少，没有任何使用痕迹，且均发现于规模略大的墓中，可能具有更高级别的象征意义，应当是墓主人身份和地位的标志。

下靳墓地发现的玉石璧共 18 件，用白色、青色及灰绿色等玉石制成，出土于 18 座墓中，大多置或套于墓主人右前臂上。出土的 8 件复合璧，发现于 8 座墓中。出土位置未扰乱的墓中，所出复合璧 3 件套于墓主人右前臂，1 件套于左前臂，1 件置于右肱骨处。下靳

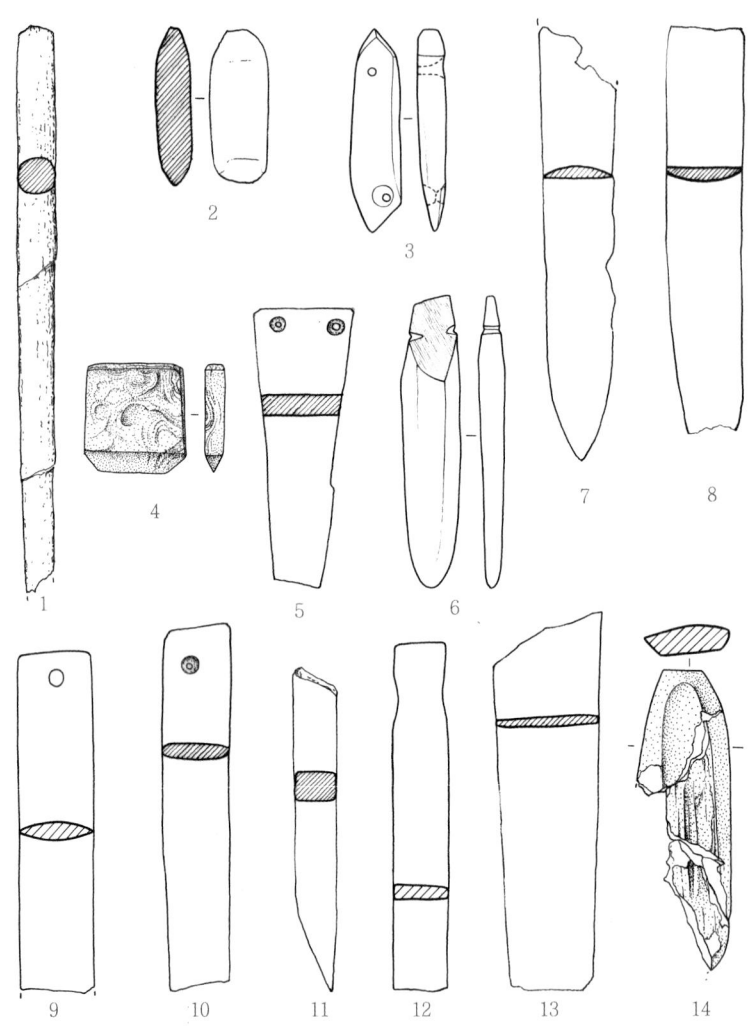

下靳墓地出土的石笄、柄形器等玉石器

1、7、8. 石笄（M12:1、M144:1、M122:1）；2、3. 梭形石饰（M136:2、M44:4）；
4. 钺形石器（M44:1）；5. 梯形石片（M124:2）；6、12. 柄形石器（M139:2、M87:2）；
9、10、13. 扁条形石饰（M48:2、M60:1、M144:2）；11. 锥形玉器（M183:1）；
14. 锥形石器（M131:1）

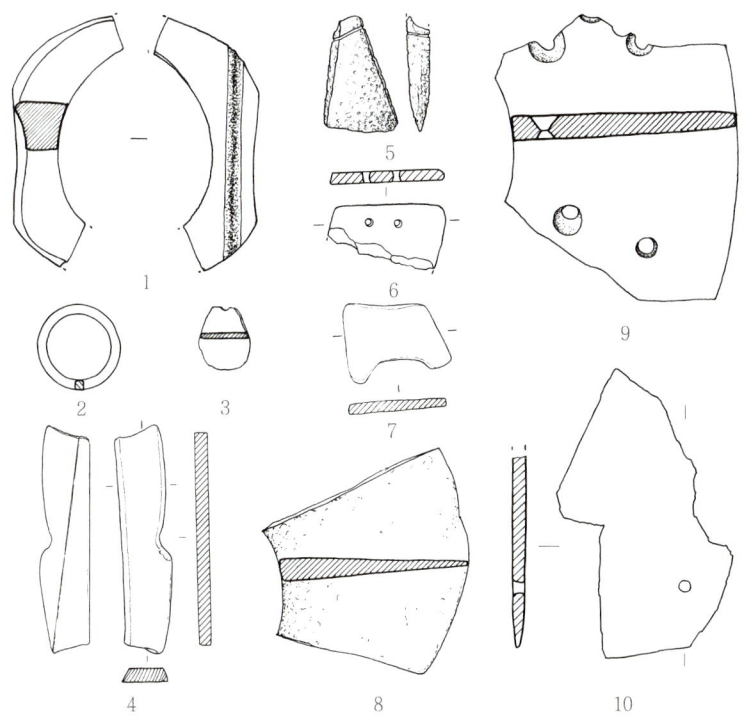

下靳墓地出土的石片饰等玉石器

1.琮形石器（M467:1）；2.玉环（M55:1）；3.石坠饰（M241:4）；4.石片（M406:4）；
5.三角形坠饰（M129:1）；6.穿孔石片（M5:1）；7.凹形石片饰（M1372:1）；
8.扇形石片（M358:1）；9.石片饰（M368:1）；10.不规则石片饰（M151:3）

与陶寺墓地的璧或复合璧出土位置一致，或可认为是装饰物。

玉璜呈扁平的弧形，两端有小钻孔，置于墓主人胸部或上身旁侧。
在3座墓中发现了绿松石腕饰，皆套于墓主人手腕部。其他玉石类
装饰品还有管状串珠、石贝状饰、绿松石头饰、断面为方形的指环。
此外，一些墓中还发现长条形玉片等佩饰。

武器仅见成组的石箭镞，置于墓主人体侧，呈扁薄的三角形，

后端平齐，无铤。

　　下靳墓地中随葬大量玉石器的传统并不是本地的原始文化，极有可能与时代略早的大汶口文化和薛家岗文化有关。约公元前3400—前2400年，黄河下游地区的大汶口文化中盛行随葬钺、刀、璧、环等玉石器。1959年在大汶口发掘的133座墓中，共出土27件钺，其中25件（Ⅱ—Ⅶ式，占据钺类88.9%）与下靳墓地Ac、Bb、Bc型的25件可对应，反映出两个墓地玉石钺类型较强的一致性。安徽潜山县薛家岗三期文化的年代约当公元前3100年，同大汶口墓地早、中期之际相当。这期文化发现墓葬80座，出土了一批很有特色的钺、刀类玉石器。薛家岗墓地的玉石钺同下靳墓地的玉石钺相比，除Ⅰ式"风"字形钺外，其余Ⅰ式铲、Ⅱ式铲、Ⅱ式钺在下靳墓地均有发现。无论是下靳墓地的双孔刀，抑或清凉寺墓地的多孔刀，还是山东、陕北、甘肃、青海等地的龙山时代的多孔刀，其最终的根系大概都与薛家岗文化的多孔刀有渊源。璧类的许多特征在大汶口甚至薛家岗墓地中也能发现。例如一些璧的孔径较大，多套于臂、腕，肉缘断面以内厚外薄的楔形为主，甚至断裂后的缀补做法都如出一辙，如大汶口M73∶4、薛家岗M59∶1和下靳M145∶1。根据张弛先生的研究，大汶口文化主要是在继承北阴阳营—薛家岗玉石器系统的基础上发展起来的，大约到大汶口文化晚期渐渐有了自己的风格。

　　下靳墓地处于临汾盆地中心，属陶寺文化分布范围，与陶寺墓地早期中、小型墓不仅时代相当，而且墓葬形制、葬式、随葬品等方面也基本相同，很大程度上代表了陶寺文化的葬制和葬俗，是加强认识陶寺文化墓葬方面一批难得的资料。关于陶寺玉石器文化传统问题，高炜先生认为陶寺玉器群集红山、大汶口、良渚、薛家岗诸文化玉器的一些因素为一体，并在吸收、融合的基础上创造出自身的独立特征 [3]。冈村秀典先生将陶寺的玉琮和玉璧定为中原龙山型，以示与良渚型以及齐家型的区别，并认为其也是由东向西传播的结果。

关于陶寺墓地发现的复合璧，高江涛先生认为联璜璧（即复合璧）是晋南地区包括陶寺文化和清凉寺墓地原创的，之后北传至陕北，再通过陕北、内蒙古中南部等新华文化与齐家文化间的互动交流或文化扩张进而向西传至齐家文化分布区 [4]。其中陶寺文化和清凉寺墓地出土的玉器属于墓葬中的随葬品，而齐家文化的玉器多用于祭祀。陕北一带龙山文化时期的遗址常有大量的玉石礼器，如神木石峁、新华峁及延安芦山峁等遗址。其主要器类钺、多孔刀、璧、环等同下靳和陶寺墓地所出同类器有较大的相似性，应是受到陶寺文化的影响。除陕北地区之外，甘青地区的齐家文化也常有钺、多孔刀和璧、环类等玉石礼器，与下靳和陶寺墓地的同类器也有许多共性，或许是陕北玉石器文化影响的产物。下靳墓地、清凉寺墓地均出土了有领环，此类器物更早发现于大汶口文化遗址，该遗址曾出土过象牙制品，可能属此类器物的源头 [5]。

关于陶寺文化的透闪石类玉器的功能，何驽先生将其放在华西系玉器 [6] 货币系统大背景下作了考察，认为陶寺文化玉器的主体来源于石峁集团的玉币输入，其中相当一部分转化为玉礼器，为政治和礼仪服务，同时使用大理岩类的假玉（美石）仿制玉礼器，作为补充 [7]。

下靳墓地是继襄汾陶寺以后又一个属于陶寺文化范畴的墓地，

该墓地 A 类墓的整体特征与陶寺遗址早期中、小型墓基本相同。随葬玉石器的葬俗、大量遭到扰乱的墓葬，这些具有时代特点的考古材料，为认识史前庙底沟二期文化时期较晚阶段或陶寺文化早期阶段的埋葬习俗和社会制度提供了十分珍贵的资料，对探索山西地区古代文明的起源、进程与模式有重要的参考意义。

参考文献：

[1] 山西省考古研究院，山西博物院.下靳史前墓地 [M].上海：上海古籍出版社，2022.

[2] 山西省临汾行署文化局，中国社会科学院考古研究所山西工作队.山西临汾下靳村陶寺文化墓地发掘报告 [J].考古学报，1999（4）：459-486.

[3] 高炜.陶寺文化玉器及相关问题 [M]// 邓聪.东亚玉器.香港：香港中文大学中国考古艺术研究中心，1998.

[4] 高江涛.陶寺遗址出土多璜联璧初探 [J].南方文物，2016（4）：89-97.

[5] 王强，杨海燕.西玉东传与东工西传——黄河流域龙山时代玉器比较研究 [J].东南文化，2018（3）：86-95.

[6] 邓淑苹.也谈华西系统的玉器 [J].故宫文物月刊，1993（8）—1994（1）.

[7] 何驽.华西系玉器背景下的陶寺文化玉石礼器研究 [J].南方文物，2018（2）：42-56.

坡头遗址^[1]

坡头遗址收缴回来的玉器中，璧的数量最多，有 74 件，加上无法复原的残片所代表的 4 个个体，合计 78 件；其次，环 5 件，琮 2 件，玉管 1 件，钺 5 件；另有 1 件征集的残牙璧。各类器型标本见相应图示。

值得一提的是，坡头遗址征集的这件残牙璧（编号 04），绿色，玉质甚佳，加工精细，表面光润，原应有三齿，现只存一齿（大齿外缘无小齿）。类似的牙璧曾见于山东胶县三里河大汶口文化晚期及龙山文化墓葬，临朐朱封龙山文化墓地附近采集到 1 件，2003 年清凉寺墓地也曾出土过 1 件。

一、钺

5 件。可分两型：

A 型为梯形，1 件，编号 74，钻孔居中，因其上端残断，是否另有一孔，不可考。其形制同陶寺文化大部分玉石钺相似，具有海岱系玉钺风格。

B 型为风形，4 件，编号 75—78，两侧略呈弧形刃状薄边。这种形制在黄河流域十分罕见，似与江淮地区史前玉石钺风格相近。

二、璧

74 件。外周直径最大的 24.5 厘米，最小的 8.1 厘米。正视中孔、外部轮廓均为圆形，形制规整。璧的内、外侧边缘式样较多，外缘普遍作或厚或薄的直边，内缘或因单面钻而呈斜边，或再磨修为直边，或因双面钻再经磨修呈弧状边。肉的剖面呈扁平四边形者 37 件，呈内厚外薄的侧置梯形者 25 件，占玉璧总数的 80%。

依好径与外周直径的关系区分出三型：

1.A 型，好径小于外径的二分之一，但大于外径的三分之一，44 件；

2.B 型，好径约略相当于外径的二分之一，上下差额不超过 1 厘米，19 件；

3.C 型，好径大于外径的二分之一，但小于外径的三分之二，11 件。

三、琮

2 件。琮作单节，琮体四面平直。编号 02 琮微显圆角，一面的局部稍呈外弧，没有纹样；编号 01 琮在对称的两面近射口处有不明显的凹槽，基本上不见横向或竖向的刻槽（磨刻出的槽）。

四、管

1 件。筒状，略束腰。通高 8.4 厘米，口部内径 5.8 厘米，外径 6.3~6.5 厘米。

参考文献：

[1] 李百勤, 张惠祥 . 坡头玉器 [J]. 文物世界（增刊），2003.

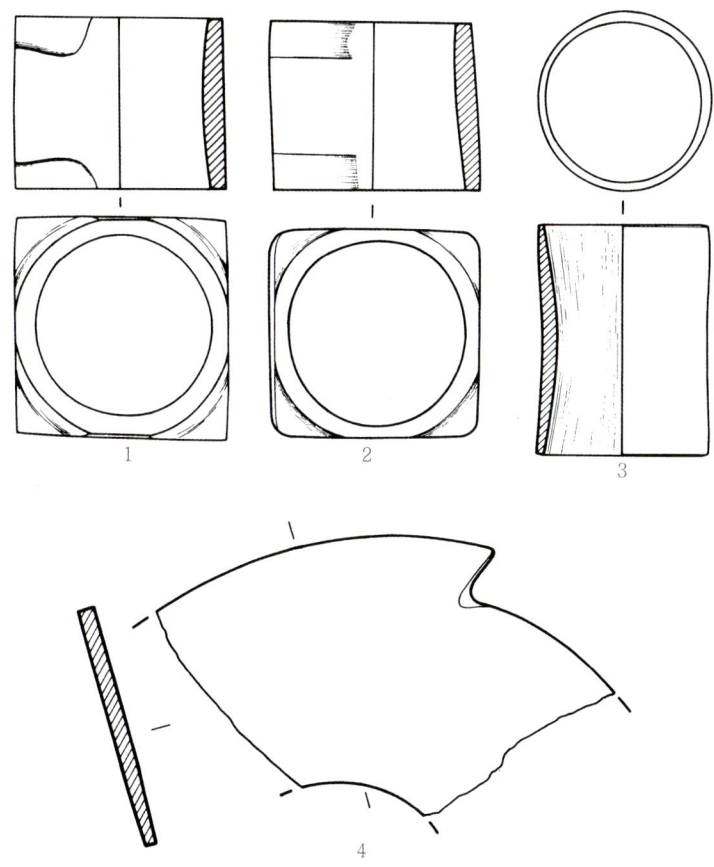

坡头遗址出土的琮、管及齿璧

1.琮（编号 01）；2.B 型琮（编号 02）；3.管（编号 03）；4.齿璧（编号 04）

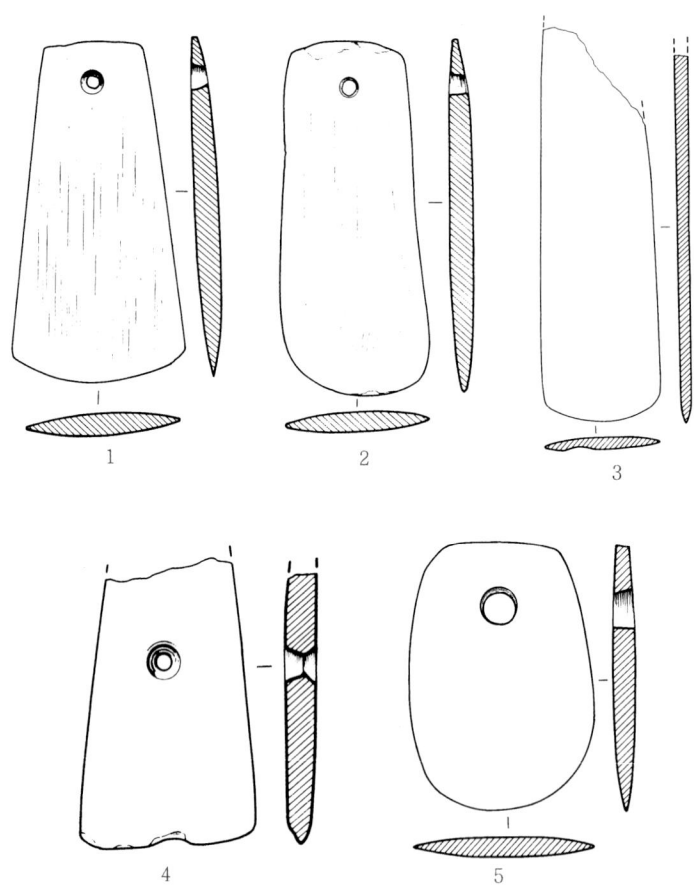

坡头遗址出土的钺

1-3、5. B 型钺（编号 76、编号 77 、编号 78、编号 75）；4. A 型钺（编号 74）

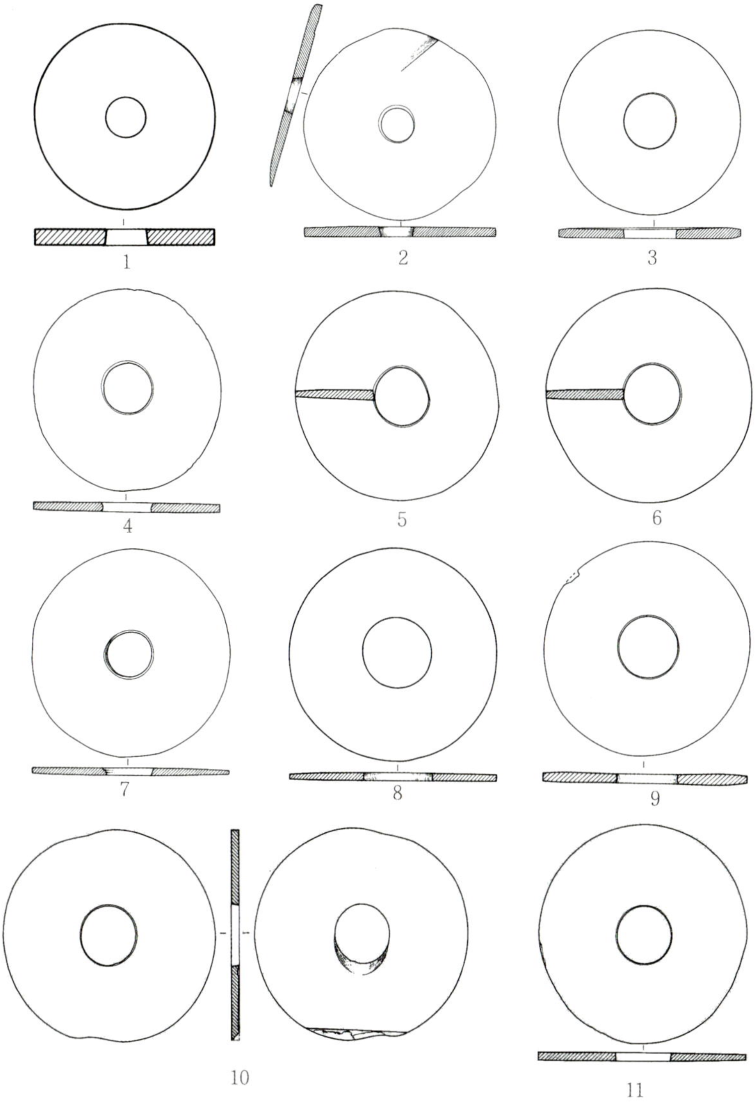

坡头遗址出土的 A 型璧

1.编号 05；2.编号 06；3.编号 11；4.编号 27；5.编号 30；6.编号 32；
7.编号 43；8.编号 44；9.编号 72；10.编号 07；11.编号 19

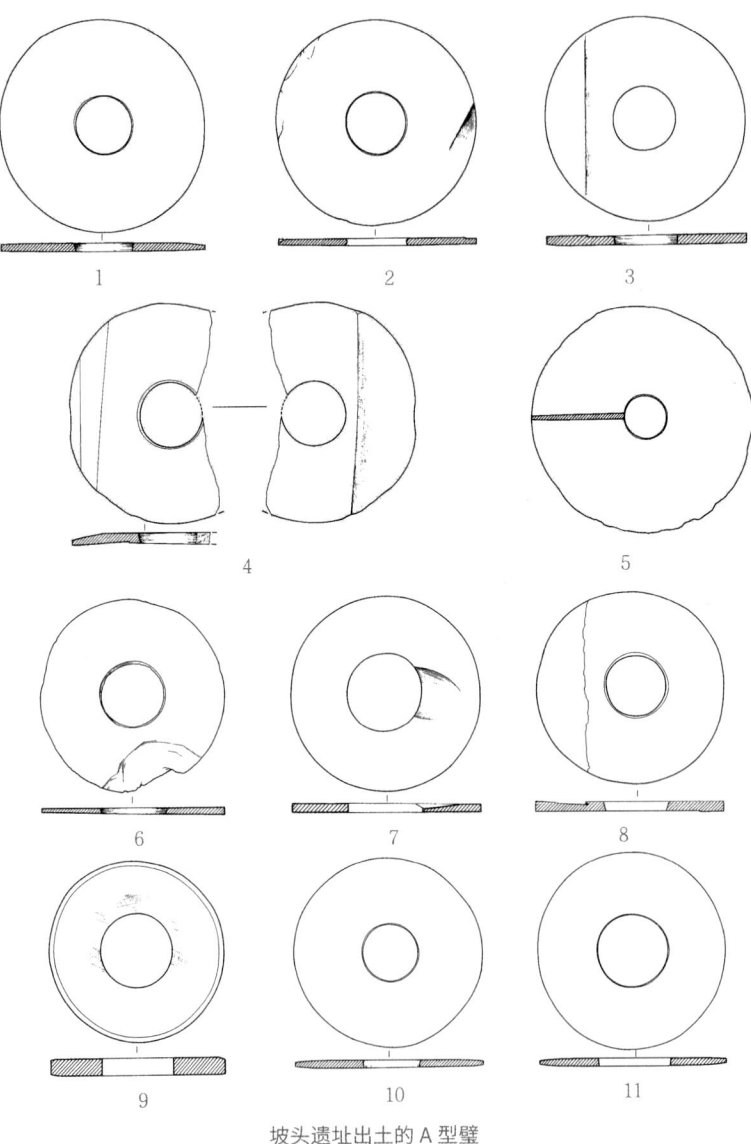

坡头遗址出土的 A 型璧

1. 编号 50；2. 编号 51；3. 编号 52；4. 编号 58；5. 编号 69；
6. 编号 09；7. 编号 10；8. 编号 12；9. 编号 15；10. 编号 16；11. 编号 17

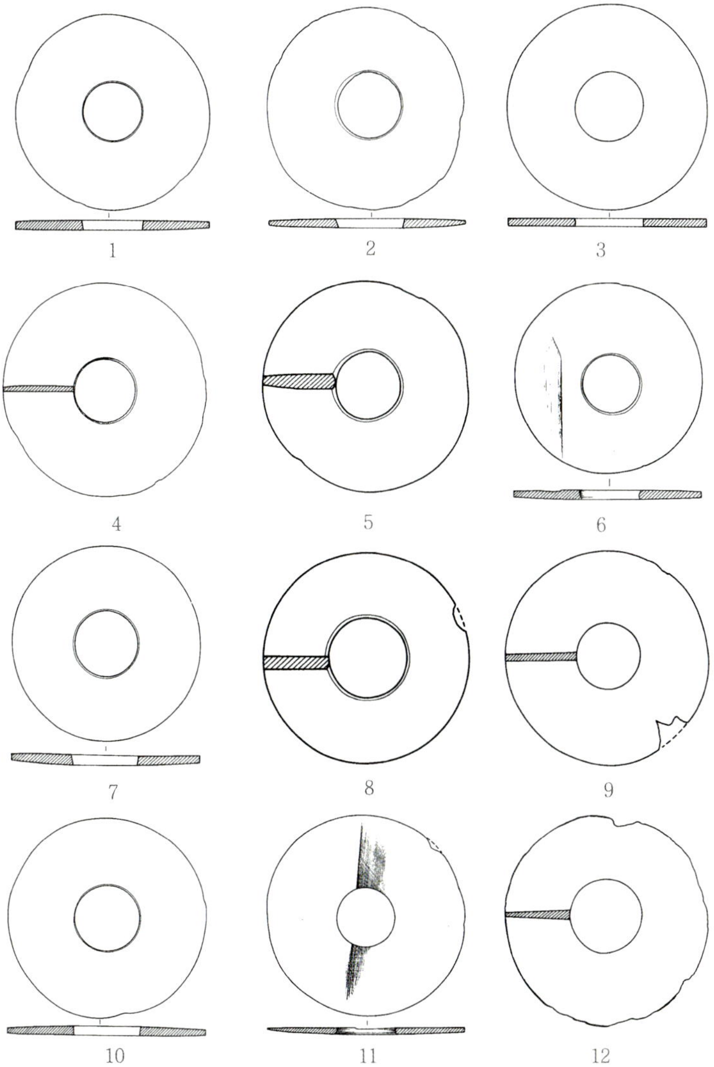

坡头遗址出土的 A 型璧

1. 编号 18；2. 编号 20；3. 编号 21；4. 编号 22；5. 编号 23；6. 编号 24；
7. 编号 25；8. 编号 34；9. 编号 42；10. 编号 47；11. 编号 49；12. 编号 53

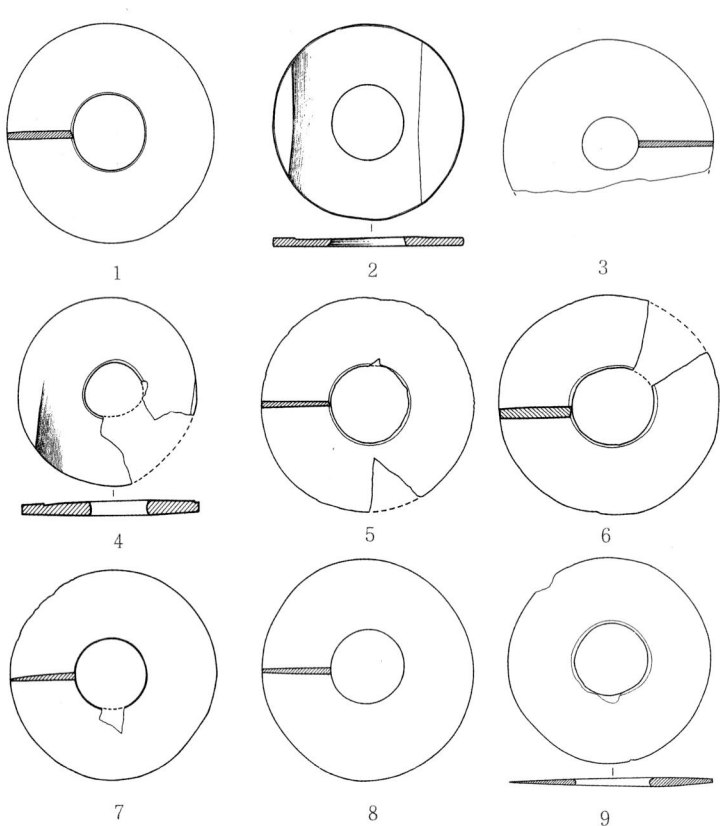

坡头遗址出土的 A 型璧

1. 编号 55；2. 编号 56；3. 编号 59；4. 编号 61；5. 编号 64；
6. 编号 65；7. 编号 67；8. 编号 70；9. 编号 71

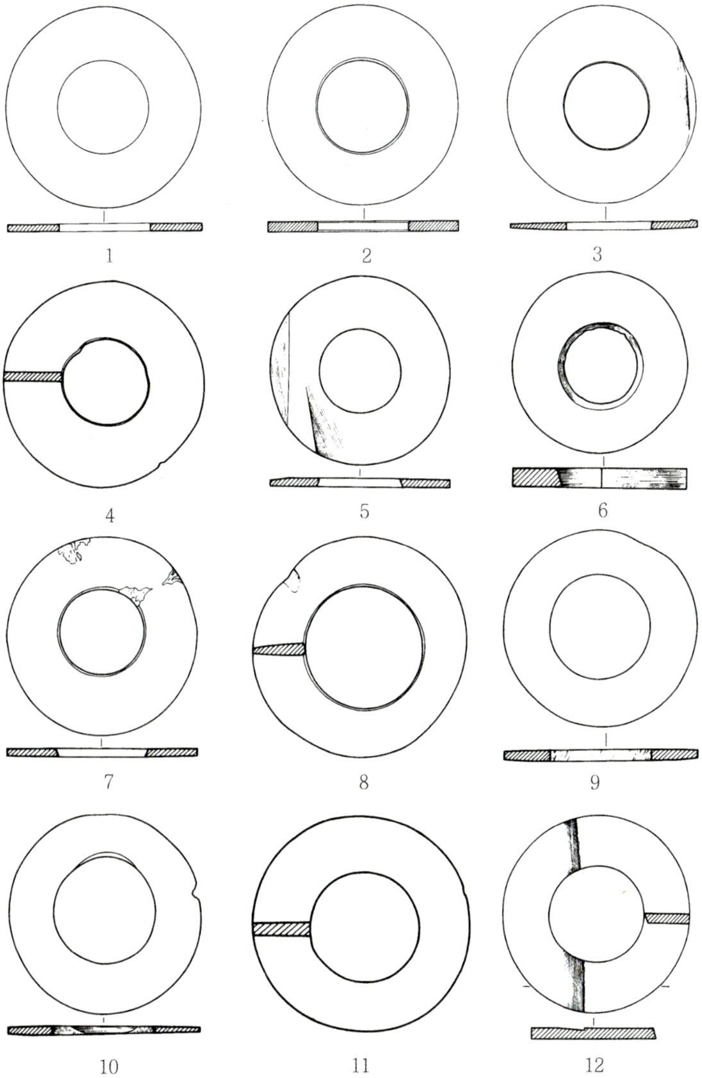

坡头遗址出土的 B 型璧

1. 编号 08；2. 编号 13；3. 编号 14；4. 编号 31；5. 编号 33；6. 编号 35；
7. 编号 36；8. 编号 37；9. 编号 38；10. 编号 39；11. 编号 46；12. 编号 54

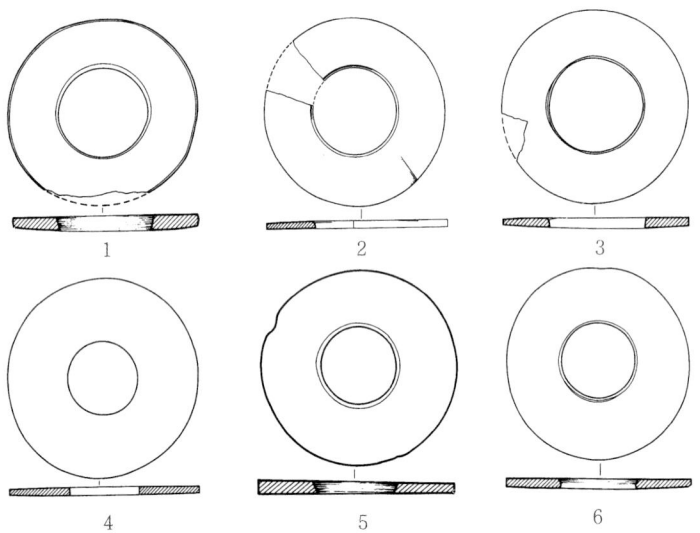

坡头遗址出土的 B 型璧

1. 编号 60；2. 编号 63；3. 编号 66；4. 编号 41；5. 编号 45；6. 编号 48

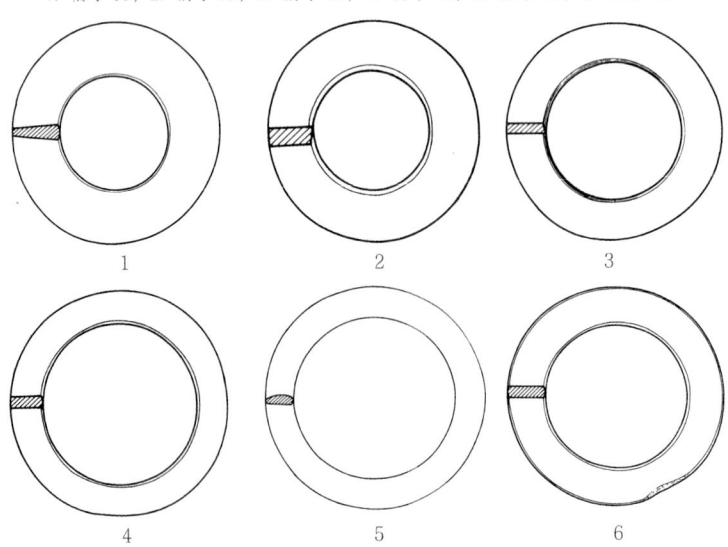

坡头遗址出土的 C 型璧

1. 编号 26；2. 编号 58；3. 编号 79；4. 编号 80；5. 编号 81；6. 编号 82；

碧村遗址[1]

　　碧村遗址是晋西北目前已知发现龙山时期玉器最为集中的地点。玉器主要出土于小玉梁及附近区域，数量近百件，种类有璧、环、臂钏、琮、刀、钺、璜等。其中玉璧形式多样，有环形璧、牙璧、多璜联璧等。这批玉器多为素面，玉质多为青白玉，还有少量墨玉，细腻温润。工艺上，盛行片切割，钻孔技术发达。碧村遗址出土的玉器填补了晋西北龙山时代玉器的空白。器型标本见相对应图示。

　　一、钺

　　2件。根据平面形状可分 A、B 两型。

　　A 型，正视呈梯形，顶端（或称背端）有两处穿孔。标本 A016，刃宽 7.5 厘米，顶端宽 6.7 厘米，长 11.3 厘米。

　　B 型，正视为条形。标本 A017，长 29.7 厘米，宽 8 厘米，器身厚 0.3~0.4 厘米，刃厚 0.1 厘米。

　　二、璧

　　2件。根据好径与外周直径的比例可分为 A 型和 B 型。

　　A 型，好径小于外径的二分之一。标本 A025，墨玉，直径 12.7 厘米，好径 5.5 厘米，肉宽 3.6 厘米，厚 0.1~0.2 厘米。

　　B 型，好径大于外径的二分之一。标本 A024，浅黄色，直径 12.3 厘米，好径 7.5 厘米，肉宽 2.4 厘米，厚 0.1~0.2 厘米。

　　三、复合璧

　　3件。由两节以上的多节璜形玉片联缀而成。根据外周形状可分为 A 型和 B 型。

　　A 型，外周呈圆形，依据好径与外径的比例又可以分为 2 个亚型：

　　Aa 型，好径小于外径的二分之一。标本 A006，青白色，由三片玉璜组成，每片玉璜两端各有一个穿孔，外径 10.2 厘米，好径 4~4.5 厘米，肉宽 2.7 厘米，厚 0.3 厘米。

Ab 型，好径大于外径的二分之一。标本 A008，青色，有褐色斑块，由两个玉璜组成，外径 9.1 厘米，好径 6.1 厘米，肉宽 1.5 厘米，厚 0.5~0.6 厘米。

B 型，外形呈圆角方形。标本 A015，青色，由两片玉璜组成，边长 10.7~12.6 厘米，好径 5.8 厘米，肉宽 2.5 厘米，厚 0.2 厘米。

四、牙璧

3 件。根据外周形状可分为 A 型和 B 型。

A 型，外周近似方形，有三组扉牙。标本 A001，浅灰色，边长 10.4 厘米，好径 6.8 厘米，肉宽 1.8 厘米，厚 0.1~0.4 厘米。

B 型，外周呈不规则的圆形，外缘璧牙的数量不同，个别牙璧还有装饰。标本 A004，青色，外缘直径 12.5 厘米，好径 6.3 厘米，肉宽 3.1 厘米，厚 0.2~0.3 厘米。标本 A003，墨色，有三组扉牙，各组扉牙的一侧有连续的齿饰，最大径 11.6 厘米，好径 4.8 厘米，肉宽 3.3 厘米，厚 0.1~0.2 厘米。

五、双孔刀

1 件。标本 A014，青色，中间厚，两侧薄，有一面残留红色朱砂，长 10.8 厘米，宽 4.1~4.8 厘米，器身厚 0.5 厘米，刃厚 0.1 厘米。

六、三孔刀

1 件。标本 B006，青白色，呈长条形，刀身略宽，柄端略窄，长 26.6 厘米，宽 4~4.8 厘米。

七、琮

2 件。根据玉琮的外侧形状可分为 A 型和 B 型。

A 型，标本 A012，青白色，外侧为方形，上下均有射口，素面，

长7厘米，宽7厘米，高3.5厘米。

B型，标本A011，墨玉泛青色，外侧为圆角方形，琮体四面中部各有两道平行阴线，上端置射口，四隅各有一转角窄台，外饰瓦棱纹，外缘边长7.5~7.9厘米，内缘直径6.3厘米，通高4.6厘米。

八、璜

2件。根据玉璜的外侧形状可分为A型和B型。

A型，标本A023，青色，外侧形状为环形，两端均呈鸟首状，且各有一穿孔，素面，最大径11.6厘米，宽2厘米，器身厚0.3厘米。

B型，标本A020，外侧形状为折角形，乳白色，两端首呈虎形，且各有一对穿孔，素面，两端间距长14.5厘米，宽1.8~4厘米，器身厚0.5厘米。

碧村玉石器中的B型璧、复合璧、牙璧、多孔刀、双孔刀、梯形钺、条形钺、矮体琮等典型器型与陕北、晋南地区的同类器基本一致，部分与齐家文化玉器存在一些差异。碧村所在的晋西以及黄河西岸的陕北地区是河套地区发现龙山玉器较多的区域。目前，该区域黄河东岸出土龙山时期玉器的地点以碧村为代表，黄河西岸的榆林、延安地区则以石峁、新华、芦山峁为典型代表。从器型特征看，黄河中游不同文化区内可能存在大量的采玉行为，并进行远程物资交换和文化的交流[2]。

参考文献：

[1] 王晓毅. 山西吕梁兴县碧村遗址出土玉器管窥 [J]. 故宫博物院院刊, 2018(3)：71-80.
[2] 同 [1].

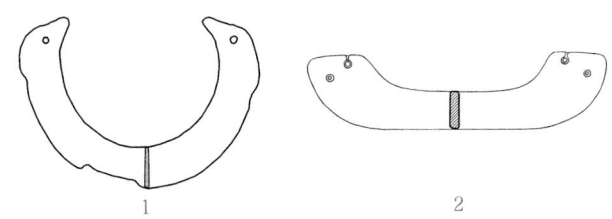

碧村遗址出土的玉璜

1.A 型玉璜（A023）；2.B 型玉璜（A020）

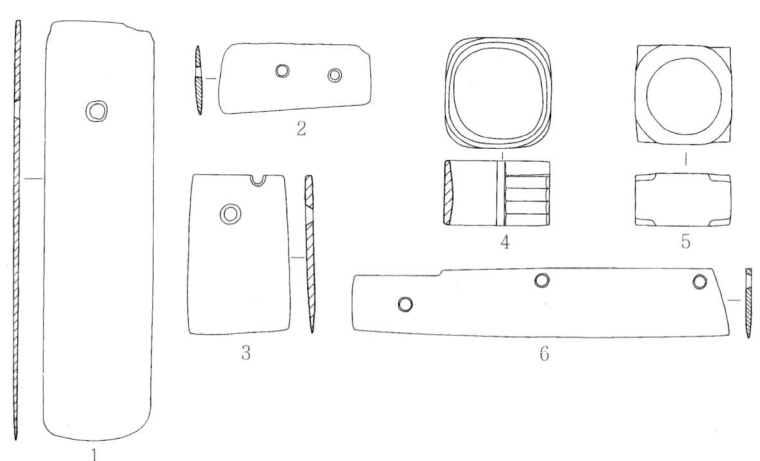

碧村遗址出土的玉器

1.B 型钺（A017）；2. 双孔刀（A014）；3.A 型钺（A016）；4.B 型琮（A011）；
5.A 型琮（A012）；6. 三孔刀（B006）

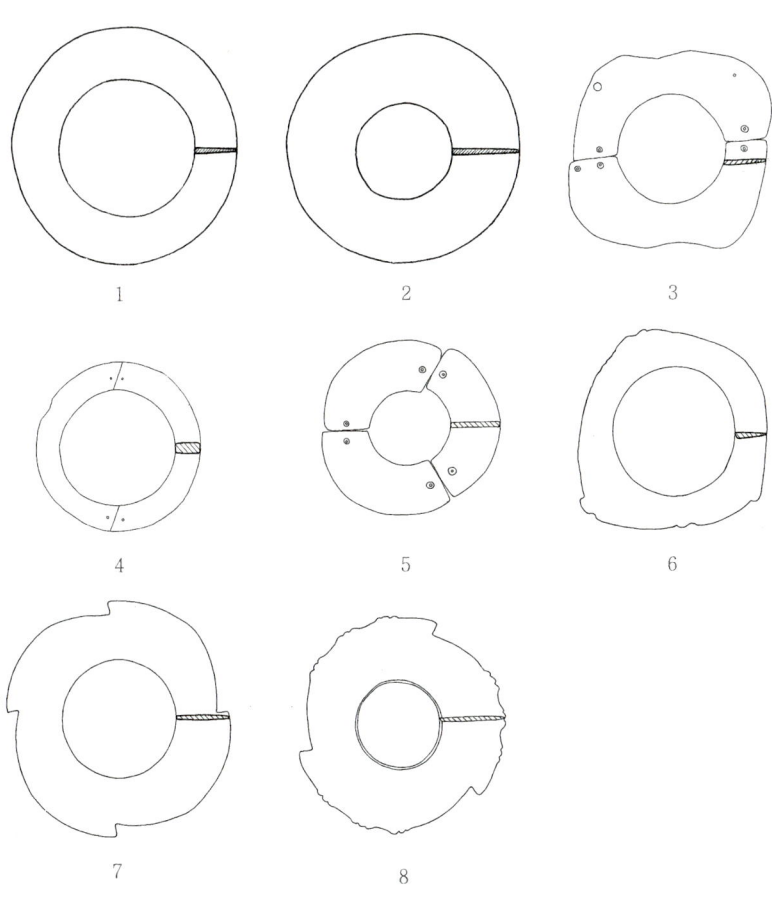

碧村遗址出土的玉璧

1. B 型璧（A024）；2. A 型璧（A025）；3. B 型复合璧（A015）；4. Ab 型复合璧（A008）；
5. Aa 型复合璧（A006）；6. A 型牙璧（A001）；7、8. B 型牙璧（A004、A003）

小结

　　山西史前玉石器按用途大致可以分为三大类：

　　一是饰品类，主要有环、镯、指环、簪、笄、锥形饰、串饰、项饰、管、坠、璜、珠、腕饰、头饰、兽形饰等，是人类丰富的精神生活的反映，同时也是山西史前先民审美观念的一种表现，说明当时居民已经有了装饰、打扮的习惯。

　　二是礼器兼装饰类，主要是在宗教祭祀、政治礼仪等公共场合所使用的玉石器，有璧、琮、璜等。璧的用途非常广泛，其中礼天是最重要的用途之一。如《周礼·春官·大宗伯》说："以玉作六器，以礼天地四方。以苍璧礼天，以黄琮礼地，以青圭礼东方，以赤璋礼南方，以白琥礼西方，以玄璜礼北方。"郑玄注："礼神者必象其类，璧圆象天，琮八方象地。"此外，玉璧还用于敛葬、辟邪、装饰等。在中国的传统玉文化中，玉璧是所有玉器中影响最深远也最重要的一种，是中国古代玉器的一个重要类别，贯穿整个中国玉器史。璧是一种圆形扁平、正中心有孔的器物。《说文解字》中这样释璧："瑞玉圜也。"与玉璧相似的还有玉环和玉瑗。《尔雅·释器》中有这样的说法："肉倍好谓之璧，好倍肉谓之瑗，肉好若一谓之环。"在这句话中，"肉"指器物周围玉质的边缘，"好"指器物中心的圆孔。在实际考古中发现的玉璧只有极少数为上述比例和尺寸，绝大部分的"肉"和"好"的比例都跟上述比例不同，使称谓出现了混淆。考古学家夏鼐指出，应把璧、瑗、环总称为璧环类，或简称为璧。玉璧除了基本的圆形中间有孔的形制外，还有一些变体形制，比如牙璧（玉璇玑）、出廓璧、璧戚、有领璧（环）或凸唇璧等。

对于玉璧的含义与功能，许多学者提出了各自的假说，归纳起来有礼天说、祭祀说、财富说、货币说、敛尸说等。下靳墓地、陶寺墓地、清凉寺墓地、坡头遗址以及碧村遗址均发现了璧和复合璧，清凉寺墓地和陶寺墓地还发现了少量玉璇玑。璇玑是一种片状璧形器，周边向外顺向突出角形，多为 3 个，个别有 4 个或 6 个。关于璇玑的用途，多认为是巫师用来观测天文之仪器，即后世所谓的璇玑玉衡。《尚书》云："在璇玑玉衡，以齐七政。"自汉代起，许多人认为璇玑玉衡是古代天文仪器浑仪的一个部件，夏鼐先生考证后认为是装饰品，可能同时带有礼仪上或宗教上的意义[1]。

玉琮除了祭地外，在丧礼中也是一种重要的礼器。张光直先生根据方形琮内圆外方、把圆和方贯通起来的形制，认为"琮还是天地贯通的象征"，"是贯通天地的一项手段或法器"[2]。玉琮对研究我国古代文明起源以及当时的社会性质等都具有重要的价值和意

陶寺遗址出土的钺 M2103：24 连同朱绘短柄保存的情形

义。琮以陶寺墓地出土的数量较多，有13座墓葬各出土1件玉石琮，其中晚期墓6座。清凉寺墓地龙山期 M52 和 M87 两座墓葬中也各出土1件玉琮。1987年收缴的一批盗掘于坡头遗址的玉器中也有2件玉琮。

山西地区发现的玉璜多数为弧形片状或璧、环类残段加工而成。下靳墓地发现19件，清凉寺墓地发现6件，陶寺墓地发现较少。史前时期的玉璜最常见的用途是作为项、胸饰，其使用方式较为多样，有的单件使用，有的多件使用，还有的与其他玉器组合起来使用。这种玉饰不仅具有装饰、美化人体的作用，而且可能有标示器主身份、地位的功能。

三是象征性工具或武器类，主要指玉钺、戚、刀等，磨制精细，没有刃口，从刃部磨损情况看，绝大多数非实用器，只是作为一种标志和象征，运用于一些礼仪场合，具有一定的特殊意义，并带有某些原始宗教的含义，是一种权力和威严的象征。这种大型象征性武器或工具以及原始信仰性质的礼器的出现，标志着等级观念和原始宗教观念渗入了玉器之中，使其成为祭祀工具或等级、权力的象征物。

钺是一种装柄使用的复合性工具或武器，出土时其有机质地的柄部往往朽蚀殆尽，只剩玉石质地的器身。根据考古发掘资料，史前时期玉石钺装柄的方式大致可归纳为两种[3]：其一，在木柄一端凿出一个长方形透銎，将钺体的上端套入銎内，并在钺体上穿孔，然后用绳索通过前方钺体上的穿孔进行捆缚、加固，同时不排除在木柄上缘挖孔，使钺体上的孔与木柄上的孔相对应，这种方法简称"透銎法"；其二，在木柄一端凿出一个浅凹槽，将钺体的顶端嵌入槽中，

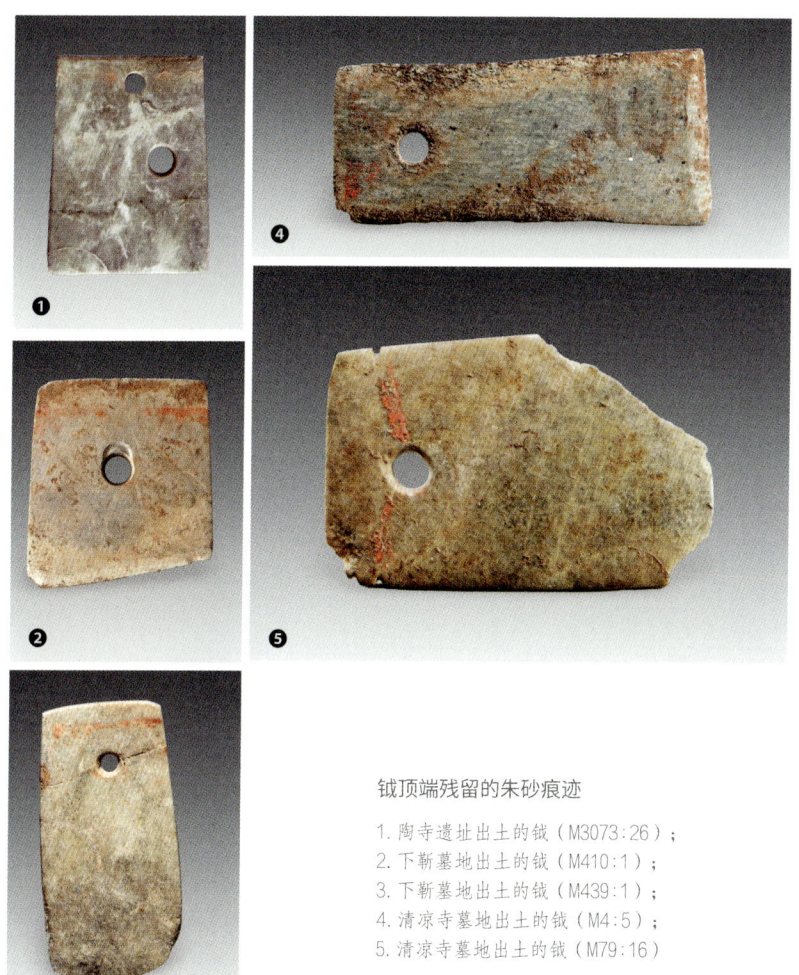

钺顶端残留的朱砂痕迹

1. 陶寺遗址出土的钺（M3073：26）；
2. 下靳墓地出土的钺（M410：1）；
3. 下靳墓地出土的钺（M439：1）；
4. 清凉寺墓地出土的钺（M4：5）；
5. 清凉寺墓地出土的钺（M79：16）

清凉寺墓地 M111

然后用绳索通过钺体上的穿孔进行捆缚、加固，同时在木柄上缘挖
两三个透孔，用绳索再通过木柄上的透孔进一步固定，这种方法简
称"浅槽法"。如陶寺钺标本 M2103∶24，近顶端钻出大小相同的
并列三孔，另在一侧边缘加工出三个缺口状凹槽，木柄整体呈刀形，
通长 33 厘米，与石钺相接部分平面近似梯形，其后端又出一供把
握的窄柄，表面涂有暗红色颜料。据观察，应是将钺镶入木柄一侧
的凹槽内，再用绳索及皮条类捆缚、固定。标本 M3073∶26 在近

清凉寺墓地 M79

顶端的孔至顶缘间可见红彩痕迹。下靳墓地出土的石钺 M410∶1、M439∶1 顶端附近还残留捆缚的朱砂痕迹。清凉寺 M4∶5 近顶端平面的正中部有一个钻孔，孔外有两道朱砂捆绑痕；石钺 M79∶16 豁口与单孔间涂有朱红色痕迹，或为当时缚柄的痕迹。

1986 年，浙江余杭反山墓地的发掘首次确认了玉质的钺柄首端饰件、玉钺、钺柄尾端饰件这种三位一体的组合关系。史前时代玉（石）钺类的柄饰，在黄河下游地区、长江下游地区和黄河中游地区均有发现，其形态各异，大体用玉石和骨牙（角）两种不同材质制作而成。山西芮城清凉寺墓地发现了石质柄饰，如 M79、M111 出土的双孔石器柄饰和石钺。史前时代的钺经历了一个从实用性的工具或武器向象征性的仪仗用器转变的重要过程。柄饰的出现应是钺成为仪仗用器最突出的标志，拥有这种器具就意味着拥有一定的权力、身份和地位。

总之，对钺、璧、琮、刀、璜等史前玉石器进行研究，有助于了解当时社会的等级结构、礼仪习俗、文化传统等。

参考文献：

[1] 夏鼐 . 所谓玉璇玑不会是天文仪器 [J]. 考古学报, 1984（4）: 403–410.

[2] 张光直 . 谈"琮"及其在中国古史上的意义 [M]// 张光直 . 中国青铜时代 . 上海: 生活·读书·新知三联书店, 2013.

[3] 杨晶 . 中国史前玉器的考古学探索 [M]. 北京: 社会科学文献出版社, 2011: 209.

制作工艺

山西史前玉器

玉汇中国

制作痕迹 [1]

　　山西地区至今并未发现明确的史前制玉作坊遗址，原石、半成品也发现较少，绝大多数为墓葬出土的成品，能够获得的琢玉信息较少。但仔细观察玉器表面遗留下来的痕迹，仍然可以看到古人在制玉时付出的艰辛和凝结的智慧。所见工艺痕迹涉及开料、穿孔、镂空、抛光等工序。

参考文献：

[1] 郭智勇 . 山西史前玉器制作工艺探析 [J]. 文物天地，2023（4）：93-106

陶寺遗址

直线痕：璧的制作采用片切割或线切割法开料，个别玉器的表面尚遗留着呈直线或稍显弧线的切割痕迹。陶寺复合璧 II A 型 M3021∶2 由 3 节璜组成，大璜中有两节的对应部位留有同样的直线切割痕，应是由一件较厚的璜制成。M1309∶3 的肉部有直线切割痕。

弧线痕：复合璧 M2042∶3，两节璜的表面切割痕迹稍显弧度，线痕中段较宽、较深，两端窄而浅。璧 M2052∶1，表面有中间宽深、两端窄浅的切割痕迹。钺形器标本 M3430∶1，单面管钻一孔，孔周有近似"井"字形的切割痕迹。

线切割法还用于细部加工，如玉石梳 M1364∶2，梳齿沟槽较宽、较深，往上渐窄、渐浅。玉钺 M2075∶2，柄端两侧的缺口外侧宽且深，往内渐窄、渐浅。玉琮 M3448∶1 和 M3168∶7 转角处宽、深，往两侧渐浅。据推测，上述痕迹应是加工件被固定，并使用解玉砂和水，用双手拉动麻绳反复摩擦的痕迹[1]。

钻孔痕迹：玉璧 MDC∶9，肉的外缘和中孔呈规整的圆形，应是单面管钻的产物。璧 M1650∶1 肉的外缘、璧 M1361∶8 的中孔还分别留有管钻入钻时形成的台面。璧 M1232∶1 的内缘、环 M3015∶3 的内外缘均可见管钻台面痕迹。钺 M2035∶20、M3365∶2、M3372∶4 的钻孔均为管钻。双孔刀 M1807∶1，管钻一孔未透。管钻所取得的钻芯可用来做指环。

1978—1985 年陶寺遗址出土的 99 件钺以桯钻为主，管钻仅 7 例。桯钻钺如 M3250∶1、M3224∶9。

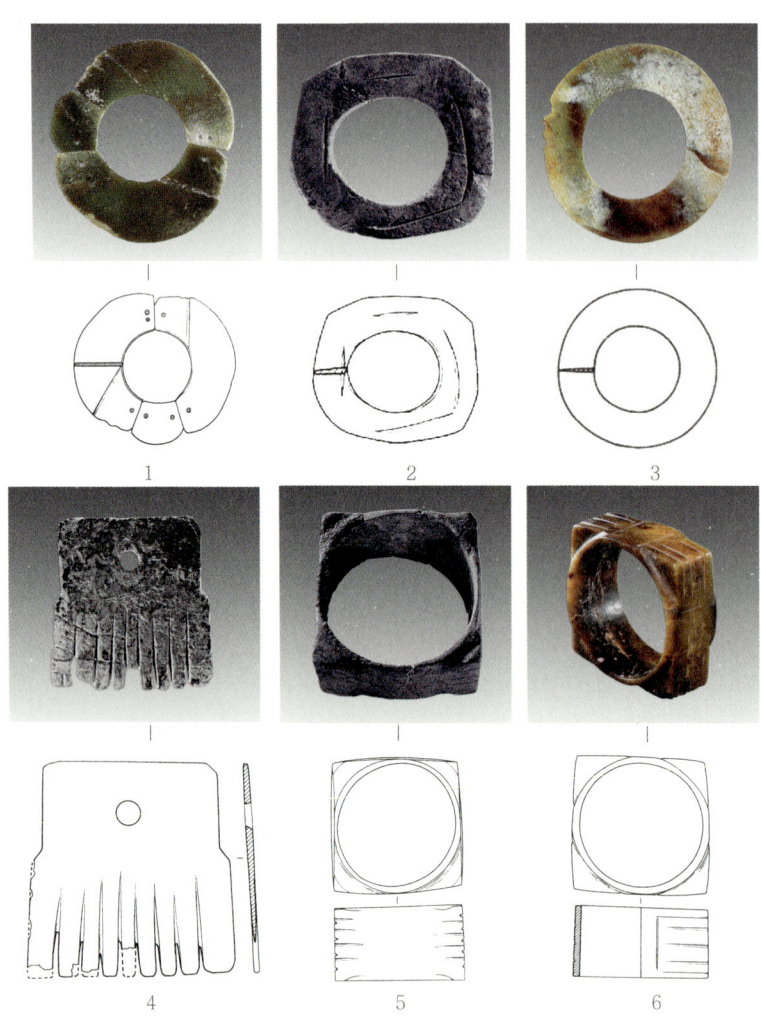

陶寺遗址出土玉器上的制作痕迹

1.复合璧（M3021：2）；2、3.璧（M2052：1、M1309：3）；
4.玉石梳（M1364：28）；5、6.玉琮（M3448：1、M3168：7）

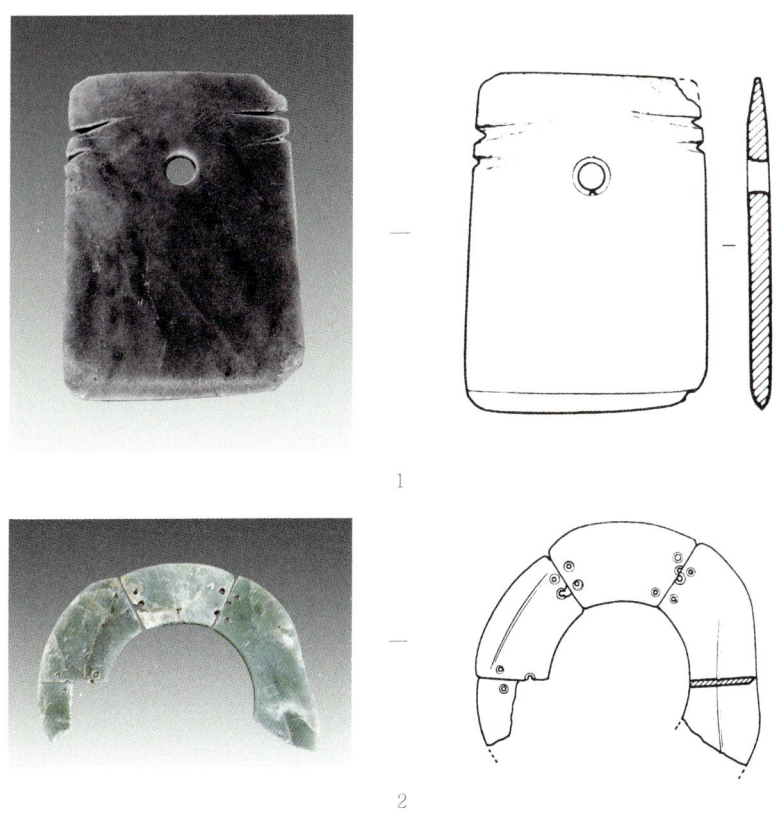

1

2

陶寺遗址出土玉器上的制作痕迹

1. 玉钺（M2075:2）；2. 复合璧（M2042:3）

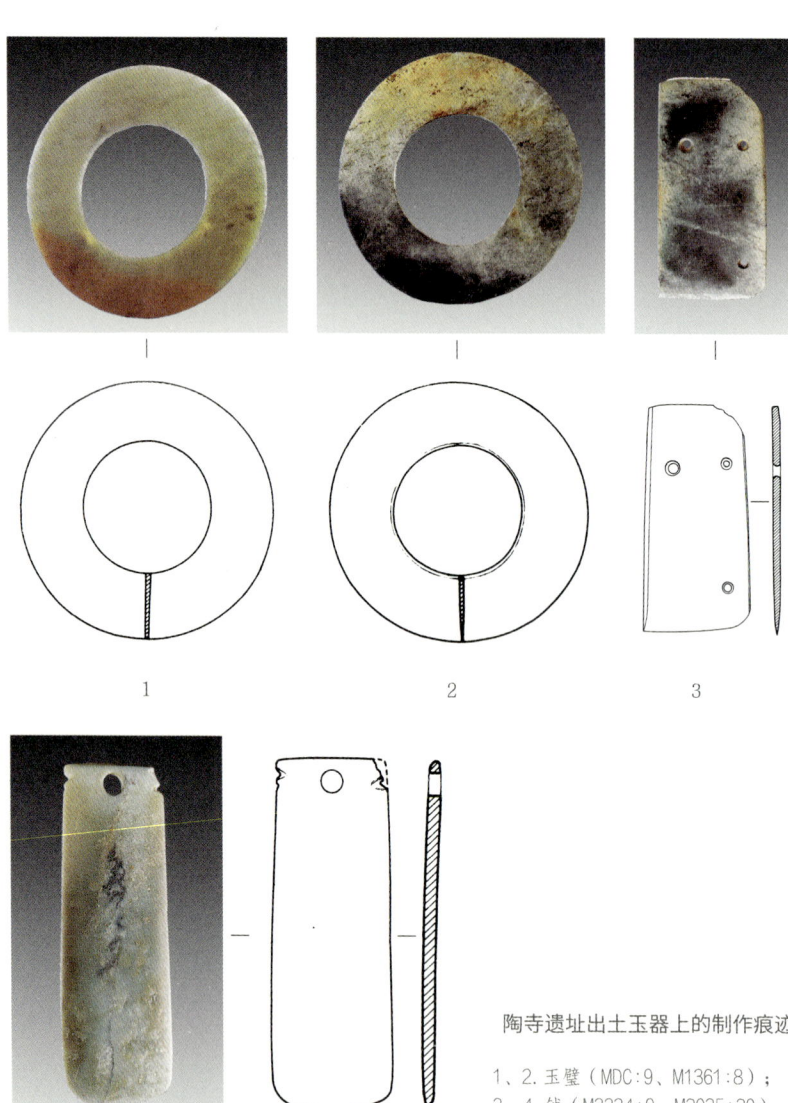

1

2

3

陶寺遗址出土玉器上的制作痕迹

1、2.玉璧（MDC：9、M1361：8）；
3、4.钺（M3224：9、M2035：20）

4

陶寺遗址出土玉器上的制作痕迹

1、2.玉璧（M1232:1、M1650:1）；3、5、7.钺（M3250:1、M3372:4、M3365:2）；
4.环（M3015:3）；6.双孔刀（M1807:1）

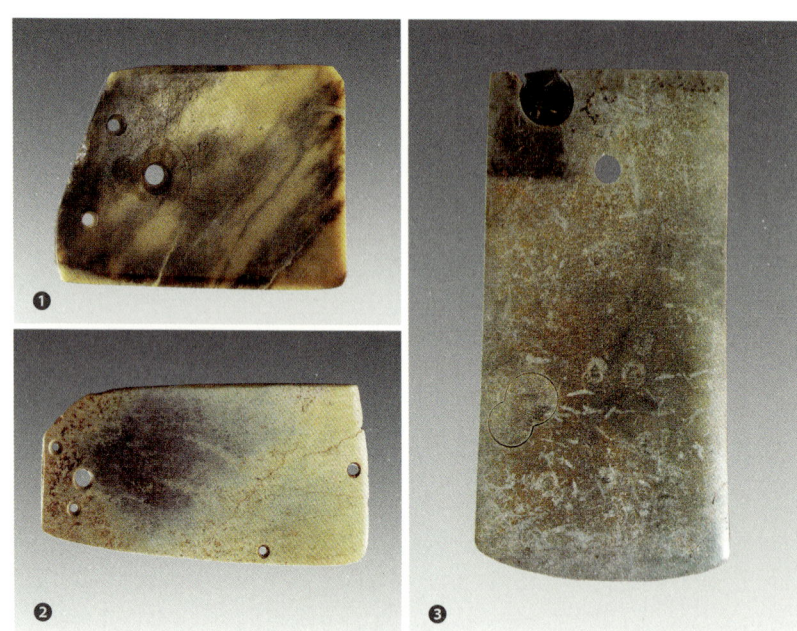

陶寺遗址出土的钺上的制作痕迹

1. M3196∶2；2. M3153∶3；3. M3168∶10

　　抛光：钺 M3168∶10，加工精细，器面光亮。其他做过抛光处理的钺有 M3153∶3、M3196∶2 等。

参考文献：

[1] 中国社会科学院考古研究所, 山西省临汾市文物局 . 襄汾陶寺——1978 ~ 1985 年考古发掘
　　报告 [M]. 北京 : 文物出版社, 2015 : 673–715.

清凉寺墓地[1]

切割痕迹：清凉寺第二期墓葬出土的单孔石器 M54:9，平面呈长方形，四边中的一侧边残留切痕，平面正中有一单面管钻孔，孔边缘有磨痕。第三期墓葬出土的玉环 M29:1，中孔为双面管钻，外圈不圆，应为去方成圆工艺，两面共存七道片状工具的切割痕，一面在中孔的边缘有管钻时留下的旋转痕迹，外缘处小孔采用了桯钻技法。石璧 M30:1，两面均有片状切割痕迹，内孔用双面管钻而成，器表抛光。复合璧 M100:4，器表留有切痕，中孔为双面管钻。石璧 M153:1，器表有一道直线状切割痕迹。第四期墓葬出土的复合

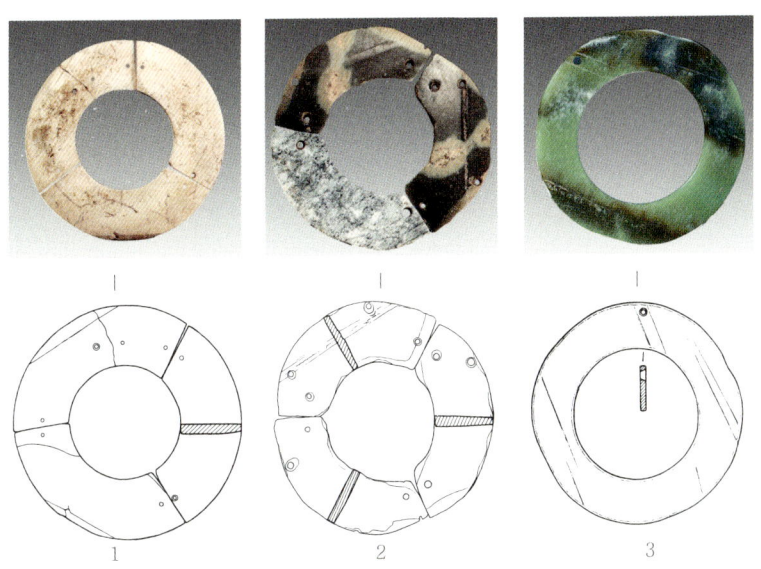

清凉寺墓地出土玉器上的切割痕迹

1、2.联璜璧（M100:4、M201:1）；3.玉环（M29:1）

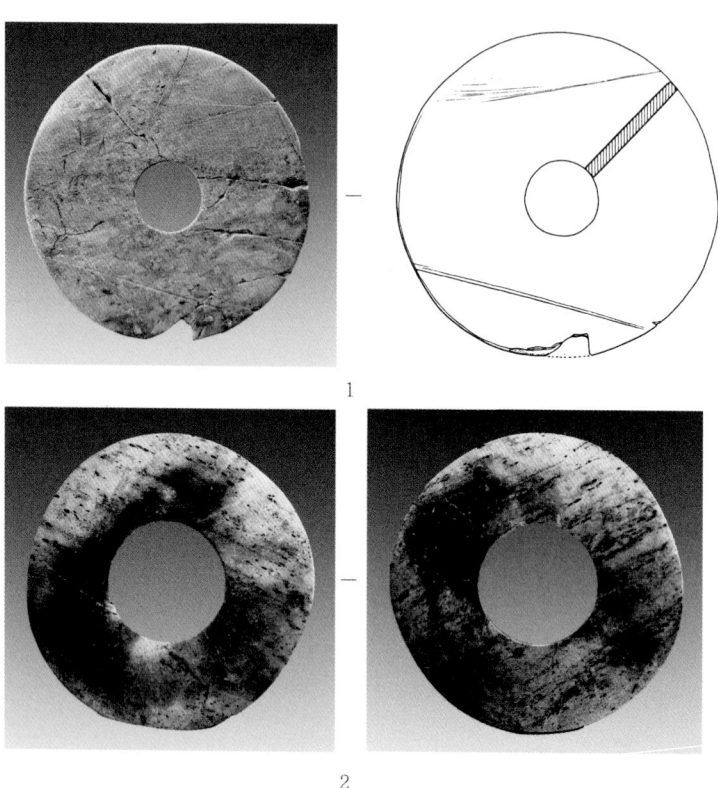

1

2

清凉寺墓地出土玉器上的切割痕迹

1、2. 璧（M153:1、M30:1）

璧 M201:1，平面上留有明显的片切痕及线切割痕。

　　线拉切痕迹：第三期墓葬出土的玉牙璧 M100:7，表面残留线拉切痕迹，双面管钻。刀状石器 M146:13，器体较厚一侧留有明显的切割痕迹。石琮 M87:1，四个转角处均有三道平行凹槽，凹槽中间宽、深，两端尖、浅。玉琮 M52:1，每一面的正中部各有两条上

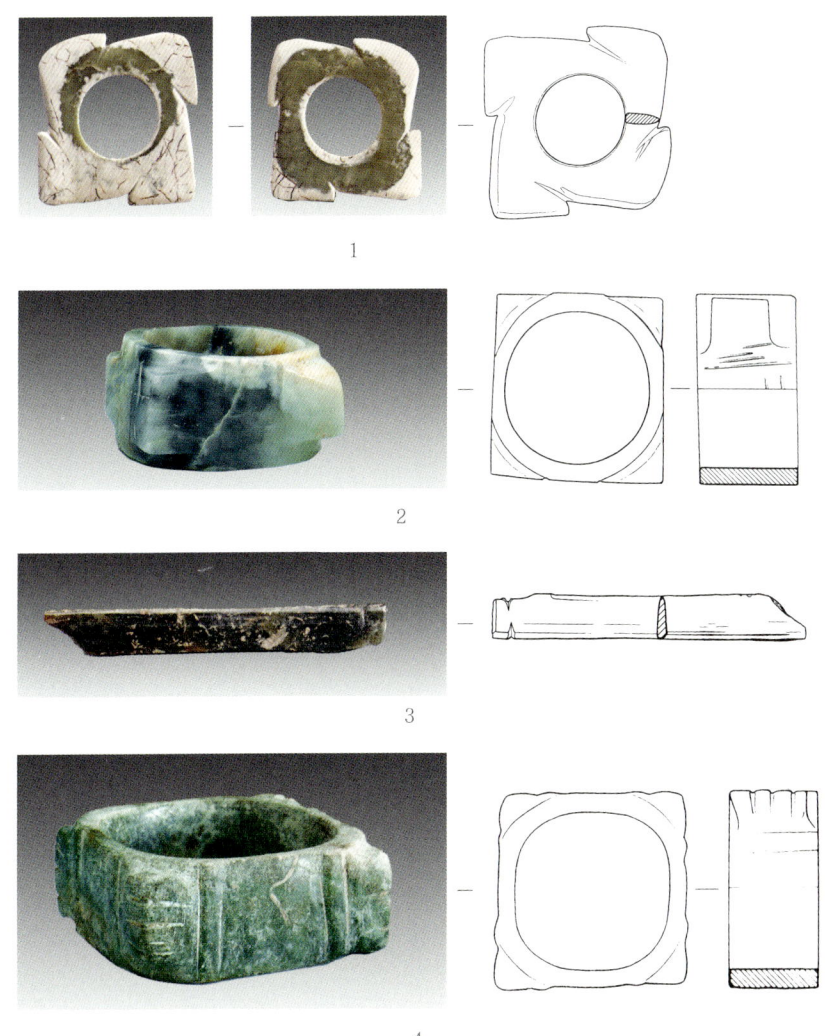

1

2

3

4

清凉寺墓地出土玉石器上的线拉切痕迹

1. 玉牙璧（M100:7）；2、4. 玉石琮（M52:1、M87:1）；3. 刀状石器（M146:13）

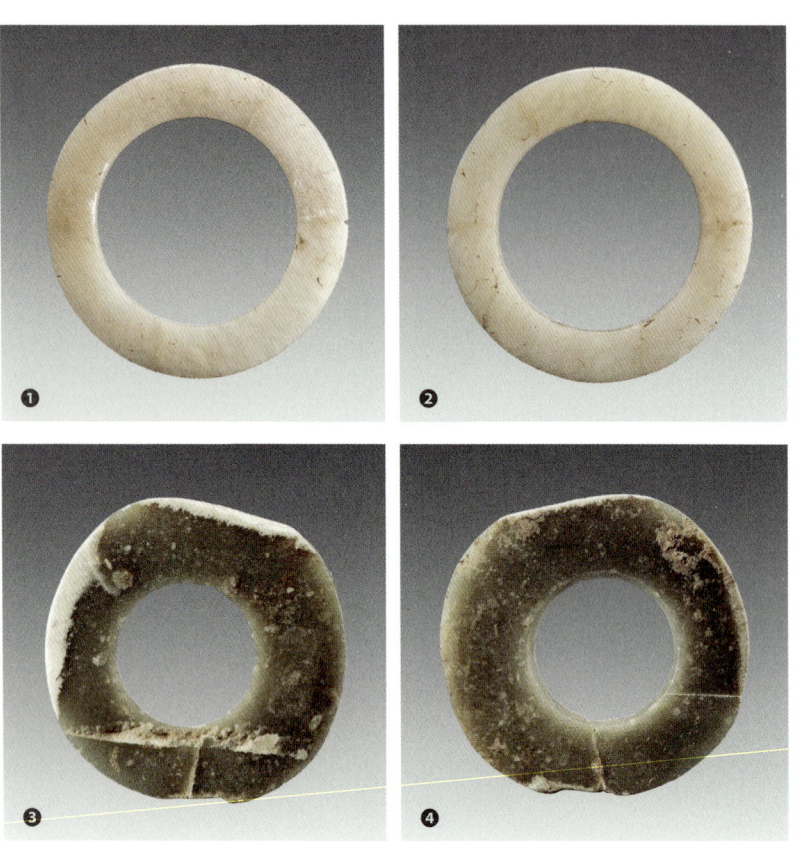

清凉寺墓地出土玉石器上的钻孔痕迹

1、2. 石环（M315∶1、M132∶2）；　3、4. 玉环（M267∶1）

下走向的凹槽，凹槽中间宽、深，两端尖、浅。玉环 M267∶1，表面有直线切割痕，中孔有管钻痕。

　　钻孔痕：第二期墓葬出土的五孔石刀 M200∶6，背部有一排基本等距的 5 个单面管钻孔痕迹。第三期墓葬出土的管状石饰M149∶1、M149∶2 内壁有清晰的管钻螺旋线痕迹。石环 M315∶1，

清凉寺墓地出土玉石器上的钻孔痕迹

1、2.管状石饰（M149:1、M149:2）；3.石环（M132:2）；4.五孔石刀（M200:6）

形制规整，内外圈皆较圆，中孔为双面管钻，有螺旋线痕迹。石环
M132:2残断的一端有一个双面桯钻的缀孔。

参考文献：

[1] 山西省考古研究所,运城市文物工作站,芮城县旅游文物局,等.清凉寺史前墓地[M].北京:
文物出版社,2016.

坡头遗址 [1]

切割痕迹：编号 40 璧，一面有一条浅直线切割痕。编号 54 璧，器表一面有切割痕。编号 58 璧，器表一面有切割痕。编号 68 璧，内外缘周围有环装磨痕，一面有双向切割形成的凸棱。编号 14 璧，一面有略呈弧形的切割痕迹。编号 56 璧，一面留有两道呈弧线形的切割痕迹，另一面也有一条很浅的切割痕迹 [2]。

参考文献：

[1] 高炜. 芮城坡头遗址玉器浅说 [J]. 文物世界（增刊），2003（5）：50.

[2] 李百勤, 张惠祥. 坡头玉器 [M]. 太原：《文物世界》杂志社，2003.

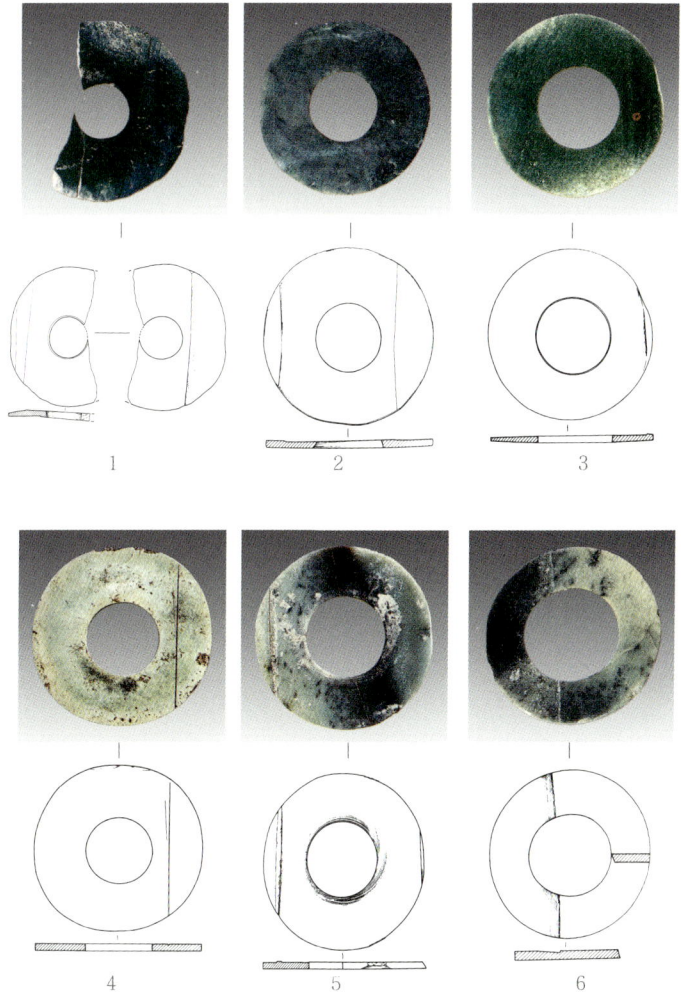

坡头遗址出土玉璧上的切割痕

1. 编号 58；2. 编号 56；3. 编号 14；4. 编号 40；5. 编号 68；6. 编号 54

下靳墓地 [1]

切割痕迹：M16：1，墨绿色条状玉器，在一侧中间有一 V 形凹槽，通体抛光，似玉器加工后剩下的残块。M47：1，黄绿色不规则柱状玉器，似玉器加工后剩下的残块，一端残，断面呈弧形，有线形切割痕，另一端有直线切割痕，一面有深长的 V 形凹槽。M492：1，青褐色长方形片状 V 形槽玉片，一面有深长的 V 形凹槽，一侧有直线切割痕。M406：4，青色不规则形玉片，一面有直线痕。M472 出土的复合璧中的一块（M472：2）上有直线痕。M483：3，绿色方形条状石器，一面有凹槽，凹槽周边有细密的平行直线痕迹。M483：8，绿色方形条状石器，一面有凹槽，凹槽周边有细密的平行直线痕迹。

钻孔痕迹：M327：1，灰褐色梯形玉钺，近顶端中部有一桯钻圆孔。M211：1，青灰色石钺，近顶端钻孔有管钻的螺旋状痕迹。M413：1，墨绿色长方形玉钺，蛇纹石，顶部钻孔有螺旋状管钻痕迹，通体抛光。M97：1，绿色梯形石钺，近顶端处钻孔有螺旋状管钻痕迹，通体抛光。M12：7，青色玉璜，两端各有一个桯钻钻孔，通体抛光。M136：1，青色玉璧，由长短不一的两个璜片连缀而成，切面呈扁长方形，厚薄均匀，通体抛光。M47：3，玉璧，表面有 V 形槽。

参考文献：

[1] 下靳考古队 . 山西临汾下靳墓地发掘简报 [J]. 文物，1998（12）：4-13.

下靳墓地出土玉器上的切割痕

1.复合玉璧局部（M472:2）；2、3、6.V形槽玉器（M16:1、M47:1、M483:3）；
4.方柱状V形槽石饰（M483:8）；5.不规则形玉片（M406:4）；7.V形槽玉片（M492:1）

下靳墓地出土玉器上的钻孔痕迹

1、2.玉璧（M136:1、M47:3）；3.长方形玉钺（M413:1）；

4.石钺（M211:1）；5.玉璜（M12:7）；6、7.梯形玉钺（M327:1、M97:1）

工艺流程

邓聪先生曾指出，"玉器的制作，至少包括采集原石、劈裂、切割、抛光、雕刻等不同技术体系及加工工具，考古学者必须精细观察原石、半成品、成品，以判读相关遗物在连锁动作中的阶段性特征"[1]。从目前已出土的玉器资料看，山西史前时期的玉器制作成型技术大体经过四个步骤：一是切割取材，根据需要在玉料上切取相应的玉块。切割前可能先画线或划线，以便按所确定的线条进行开料切割，如陶寺墓地出土的石钺 M3196∶2，其大孔周围有刻划的圆圈，可能属于临时改变了制作计划而留下了线刻痕迹。同样的痕迹可见于下靳墓地双孔石刀 M58∶1 一孔周围。下靳墓地玉钺 M516∶2 顶端附近还遗留画线的痕迹。二是琢磨，先琢制，再磨光。三是钻孔，采用桯钻或管钻技法，根据实际情况试行单面或两面钻透法。四是抛光。

一、切割

史前时期的玉器开料一般有打击、线切割、片切割等方法，从宏观角度来看，可能代表了琢玉工艺的不同发展阶段。穿孔方法主要包括琢击、实心钻（桯钻）、空心钻（管钻）三种，后两种又均可细分为手工和机械两种方式。线切割是用线（麻线或皮条）来回拉动，并在拉动的过程中加水、加砂，将玉料切割。由于进行线切割时用力不匀或向两侧来回摆动，因而往往留下深浅不一的弧形切割痕。如坡头编号为 56 的璧一面留有两道呈弧线形的切割痕迹；清凉寺第三期墓葬出土的玉牙璧 M100∶7，牙口处有线拉切痕迹；下靳黄绿色不规则柱状玉器 M47∶1，一端断面呈弧形，有线形切割痕。线切割法还用于细部加工，如陶寺出土的玉石梳，梳齿沟槽较宽、

下靳墓地出土器物上的加工痕迹

1. 玉钺（M516:2）；2. 双孔石刀（M58:1）

较深。

从玉器表面遗留的制作痕迹分析，片切割（或锯割）是用长条形片状工具（竹片、木片或骨片）来回拉动，并在拉动的过程中加水、加砂，留下深浅不一的直线切割痕迹。在入切口及切口两侧所见细密的平行直线痕迹，应是锯片带动解玉砂在凹槽内摩擦所形成。如下靳墓地出土的绿色方形条状石器 M483∶3，一面有凹槽，凹槽周边有细密的平行直线痕迹。一些玉器上形成的 V 形槽也属片切割所致，如下靳墓地出土的墨绿色条状玉器 M16∶1，一侧中间为 V 形凹槽，V 形槽两面直而平。山西出土的史前玉器中，既有从一个方向进行切割者，亦有从两个方向向中部切割者。一种近似直线状的单台阶线状痕应该是由片锯对向切割贯通所致，在最终完成开片时，也未通过打击进行剥离。如下靳墓地出土的青色不规则形玉片 M406∶4 上有台阶线状痕，周围有密集的直线痕。由于从两面相向的片切割容易错位，所以锯割相接处常见错位崩断遗留的一条台阶。台阶的形成是使用片切割对向开料时，尚余小部分未贯通，使用直接打击法来完成玉片与母体的最终分离而造成的。坡头出土的编号 54 璧、编号 58 璧、编号 68 璧，内外缘周围有环状磨痕，一面有双向切割形成的凸棱。清凉寺出土的玉石璧 M201∶1 平面上有明显的台阶痕。钺类器的两侧也常见片切割加工后所遗留的鲜明的直棱角线，如下靳墓地出土的钺 M495∶1，侧面笔直，棱角锋利，尚可见遗留的直线切痕。

目前，山西地区出土的庙底沟二期至龙山时期玉器的开料使用了片切割和线切割工艺，片切割更为常见。钺、璧、刀等类玉器开料时所留下的痕迹更为常见。据邓聪先生研究，龙山文化时期在开料方面开始采用先进的片切割工艺，能够切开大而薄的玉片，这与

玉钺上的加工痕迹

1-3.下靳墓地出土的玉钺（M218:3、M495:1、M483:5）；4.陶寺墓地出土的玉钺（M1243:2）

其前的大汶口时期广泛流行的线切割技术截然不同。山西庙底沟二期至龙山时期发现的玉器片切割工艺已经达到了较高水准，如下靳墓地出土的青绿色玉钺 M218∶3，体薄，双面直刃，一侧边有薄刃，两侧厚薄不一，近顶端和右侧边各有一个单钻圆孔，通体抛光，厚0.21~0.32 厘米。青灰色钺 M483∶5 体薄而光亮，厚 0.3 厘米。陶寺墓地出土的长条形钺形器 M1243∶2 厚 0.3 厘米，呈现出较高的开片和抛光技术水平。

二、钻孔

钻孔技术在玉器上的反映是孔内或孔边缘留下钻痕。从山西史前文化遗址出土的这批玉器所留下的钻孔痕迹来看，既有管钻，也有桯钻。桯钻主要是用小石钻来钻孔，即所谓"他山之石，可以攻玉"。小石钻往往用硬度较高的燧石、石英石打制而成，然后将其固定在木柄上，用手加压来回转动，或绕上绳索一边加压一边来回拉动，使之成孔。管钻是用竹管或骨管在一侧开一竖槽后，固定在所需钻孔的位置，然后用绳索或皮条在管上缠绕一至两圈，来回拉动绳索使管转动，在转动的过程中向下加压，同时顺着竖槽加水、加砂，使之成孔，如玉璧、玉管等。管钻孔痕上口规整，孔壁有螺旋状痕迹，孔底往往可见毛边或薄薄的小台阶，当为管钻未透时不再继续钻进而将底口敲开留下的 [2]。此类钻孔形制较为规整。桯钻和管钻分别如下靳墓地出土的玉钺 M439∶2、M97∶1 等。

钻孔还可分为单面钻和两面对钻，对钻者往往在孔的中部留有台痕。单面钻是从一面向下钻，几近钻空时再从背面敲掉管钻芯，其留下的痕迹是背面敲击掉管钻芯的边缘参差不齐，钻孔痕明显上大下小，孔边缘有崩碴，如下靳墓地出土的玉璜 M492∶2、钺 M379∶1 等。单面钻物器孔壁略呈斜坡状，整体呈马蹄形；两面

下靳墓地出土玉器上的钻孔痕迹

1. 玉璜（M492:2）；2-4. 玉钺（M379:1、M439:2、M97:1）

下靳墓地和清凉寺墓地出土器物上的钻孔痕迹

1、2.下靳墓地出土石钺（M483:7、M153:2）；

3、4.清凉寺墓地出土玉璧（M22:1、M87:2）

对钻器物两侧均有斜坡状孔壁。单钻使用较多，且多见于坯体较薄者；两面对钻常见于坯体略厚的器物上。不论何种钻法，圆孔基本都呈现出上口较大、下口略小的现象。古方先生也指出，由于玉料内钻孔越向下越费劲，所以很多玉器都是两面对钻，以减少压塞阻力，提高速度。但因为圆心定位的偏差，两面对钻的孔位往往有错位 [3]。

三、磨制抛光

这一时期，玉石器的磨制工艺已经广泛应用，粗磨、细磨技术非常成熟。个别器物未经抛光，还残留着打磨痕迹，如下靳墓地M483出土的石钺，其顶端残留磨制的线状痕迹。从工艺上来讲，钺、璧、刀类刃状边应是先用片锯切割出大样，再经磨修而成，如下靳墓地出土的钺 M97：1 两侧刃部的形成。玉石器大都全身经过细致打磨，显得光滑细腻。如清凉寺第三期墓葬出土的玉琮 M52：1，器表光滑细腻；玉璧 M22：1、M87：2 等器表及中孔亦都在钻孔完成后再经打磨。下靳墓地出土的钺 M153：2，钻孔边缘打磨后显得十分光润。很多器物表面光滑无痕，有光泽感，抛光工艺已经相当普遍。如下靳墓地出土的钺 M97：1、M218：3、M413：1，玉璧 M136：1，玉璜 M12：7；陶寺墓地出土的钺 M3153：3、M3196：2 等，表面光亮细腻。陶寺墓地出土的玉兽面镂空处都进行过打磨、抛光处理。

参考文献：

[1] 邓聪．玉器技术三题 [C]// 海峡两岸古玉学会议论文专辑（Ⅱ）．台北：台湾大学出版社，2001：563-570.

[2] 古方．中国古玉图典 [M]．北京：文物出版社，2007.

[3] 同 [2].

雕琢技法

庙底沟二期至龙山文化时期，山西地区玉器的加工工艺表现出较高的水平。片切割工艺可以加工出大而薄的玉器，已使用管钻技术。璧、环的孔径较大时多使用管钻；坠的孔径较小时，多使用桯钻。这一时期，磨制技术发达，特别是细磨工艺，很多器物表面有抛光效果。除此之外，玉器的制作还采用成型对开或对开成型技术，精细加工则采用镂空、镶嵌、刻纹等技术，并且出现了圆雕工艺等，制玉工艺显示出勃勃生机。

成型对开技术是以厚料制作出造型后，再对开成两片或多片，其特点为两件或多件玉器的大小、造型、镂空甚至一些切割线都基本上一致。如清凉寺联璜石璧 M201∶1，由 3 节璜组成，大璜中的两节对应部位留有同样的直线切割痕，属成型对开再分别修整。通过观察陶寺墓地和下靳墓地的器物加工所残留的痕迹可以发现对开水平较高，如陶寺中期王墓出土的玉钺ⅡM22 扰坑∶3，一面残留着纵向片切割对切的中脊线；陶寺中期王墓出土的玉戚（垂悬）ⅡM22∶128，一面凸，一面平，可能是从一件玉戚纵剖得来，都比较薄[1]。

对开成型技术则是把一块玉料先切割为两片或多片，再分别进行雕琢，因手工有所区别，即使是同样的纹饰，也会有尺寸上的差别。虽然纹饰、造型不同，但是沁色、玉质、大小基本相同[2]。有时会根据实际情况把两种方法结合起来使用，如陶寺复合璧 M1449∶1、下靳复合璧 M483∶6。

去角成圆或去方成圆技法也较为流行。璧、环类器物的制作有的可能使用了管钻法，中孔和外缘显得较规整，有的还保留管钻痕迹；有的则采用去角成圆或去方成圆法，可从一些璧、环类玉石器的外缘轮廓和中孔的规整度窥知。如下靳墓地出土的石璧 M245∶4、清凉寺墓地出土的玉璧 M29∶1、陶寺墓地出土的玉璧 M2052∶1，外缘均可见切割加工成圆的痕迹。琮形器在钻孔取芯后，也会对方形轮廓进行去角为圆的处理，如陶寺墓地出土的玉琮 M3168∶7、清凉寺墓地出土的玉琮 M52∶1 等。

镂空技术也是这一时期具有代表性的工艺之一。如 2002 年出土于襄汾县陶寺中期墓葬 M22 的玉兽面，就是镂空工艺的代表器物。在镂空时，线切割技术仍然发挥着重要作用，在每个镂空处能看到半圆形的孔洞痕迹，推测应该是先钻一孔，然后用线切割技法进行扩孔，最后扩成理想的图案。考虑到镂空的图形较为对称，我们推测在镂空以前可能存在打样的工序。良渚文化中曾出土过 1 件保留着打样框线阴刻痕的玉琮半成品[3]。

此外，还有平面雕刻工艺。如 1964 年出土于黎城县后庄村广志山新石器时代的神面纹玉戚，高 20.6 厘米，宽 13.1 厘米，厚 0.4 厘米。玉戚的表面为线刻，一侧为神人半侧面头像，头戴冠饰，披长发，眼、眉清晰可辨；另一侧为一方形台座上置神人冠饰形象，神秘威严。在玉饰上可以见到直线刻划痕和弧线刻划痕，其横线条刻划较为流畅，刻纹较深，边缘也较光滑。该玉戚的形制和纹饰都和良渚文化的玉戚更为接近，细弦纹的雕琢技法又是山东龙山文化的特点，是黄河流域玉石之路互动交流的重要见证物[4]。

圆雕、浮雕技术也开始使用。如清凉寺墓地出土的动物头状石饰 M87∶4，正面雕出动物头部的轮廓，面部的鼻、眼睛、耳等较为

山西史前玉石器雕琢技法

1. 黎城神面纹玉戚；2. 陶寺复合璧（M1449:1）；3. 清凉寺动物头状石饰（M87:4）；
4. 下靳复合璧（M483:6）；5. 下靳石璧（M245:4）；6. 陶寺玉兽面（ⅡM22:135）

山西史前玉石器镶嵌工艺

1.清凉寺玉环（M275:2）；2.清凉寺异形联璜玉环（M100:3）；3.下靳绿松石饰品（M139:3）

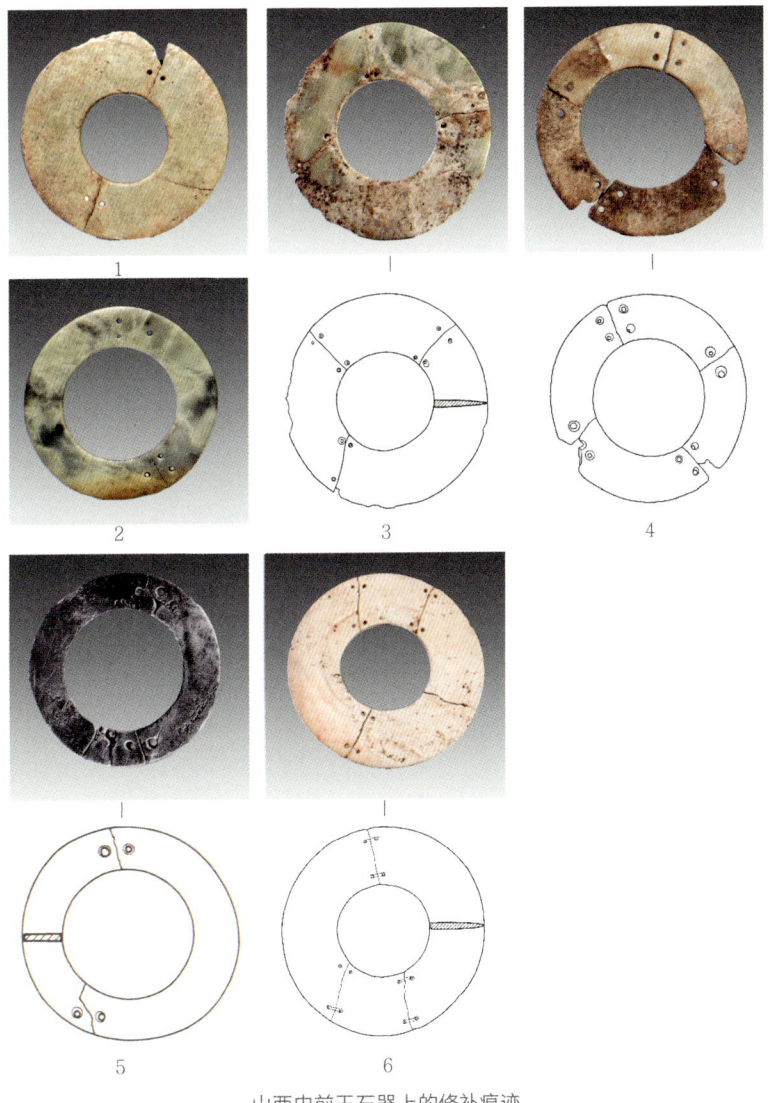

山西史前玉石器上的修补痕迹

1、2.下靳墓地出土的玉璧（M268:3、M47:7）；
3、4、6.清凉寺墓地出土的石璧（M46:4、M48:3、M4:1）；5.陶寺墓地出土的玉璧（M3196:1）

圆润，背部平整，圆雕技术比较成熟，在整体造型、雕刻手法、细部表现形式等方面与石家河文化同类器物特征相似，属于南北之间文化交流的产物[5]。

镶嵌工艺也是这一时期新出现的工艺。山西地区史前时期将绿松石作为镶嵌物镶嵌在骨器或者玉器上，也有镶嵌在漆木器上的现象。陶寺遗址出土的腕饰、镶嵌绿松石的骨笄等，骨笄及部分绿松石底部尚保留着黑色胶状物，研究者认为可能是漆或某种树脂，其工艺方法属使用胶粘剂的平面镶嵌法。另外，尚有900多件供镶嵌用的绿松石饰片。清凉寺第三期墓地出土的异形联璜玉环M100：3，其中一块璜片中部近中孔处钻有一个小孔，内镶一颗绿松石粒；第四期墓地出土的玉环M275：2在发现时断为三段，其中一段上从内圈至外圈纵向镶嵌着绿色的条状孔雀石。下靳墓地出土的绿松石腕饰M139：3上也嵌有大小、形状不规则的绿松石石片。一些绿松石薄片上有钻孔和明显的打磨痕迹，有的已经破损，小薄片一面打磨光滑，但另外一面还保持原石的状态，未做任何加工。

这一时期，修补工艺广泛使用。史前玉器一般作为礼器或装饰用品，可能由于玉料开采的不易和玉器制作的艰辛，史前先民对破损、断裂后的玉璧等器类倍加珍惜，修补后仍继续使用。这些修补主要靠穿孔绑绳，这是与石器工具的区别。常见玉璧断为两段或多段，断口端有孔。下靳墓地出土的玉璧M268：3、M47：7断裂处钻有小孔，用来缀连，或一对一，或二对一，或二对二。清凉寺墓地出土的石璧M46：4断裂为长度不等的三段，由两两相对的双面桯钻的小孔缀连；M48：3已断为六段，断裂处均以一对一的双面桯钻孔缀连。下靳墓地出土的玉钺M218：3器体斜向断裂，近两侧

断裂处均以一对一的钻孔缀连。清凉寺墓地出土的石璧 M4∶1 断裂处以二对二的方式钻小孔缀连，一面留有五道斜向切割痕，缀孔边还有线绳磨损痕迹。陶寺墓地出土的玉璧 M3196∶1 断裂后钻孔连接。

参考文献：

[1] 何努 . 华西系玉器背景下的陶寺文化玉石礼器研究 [J]. 南方文物，2018（2）：45.

[2] 吴棠海 . 中国古代玉器 [M]. 北京：科学出版社，2012：44.

[3] 王强 . 海岱地区新石器时代玉料来源及琢玉工艺初探 [J]. 华夏考古，2008（2）：81.

[4] 刘永生，李勇 . 山西黎城神面纹玉戚 [M]// 山西省博物馆 . 山西省博物馆八十年 . 太原：山西人民出版社，1999：118–121.

[5] 山西省考古研究所，运城市文物工作站，芮城县旅游文物局 . 清凉寺史前墓地 [M]. 北京：文物出版社，2016：638–639.

制玉工具

中国玉器的加工，可以追溯到 6000 年前的仰韶、红山文化时期，那时已经有玉龙等玉雕品。当时的人们尚未掌握金属冶炼技术，玉石的加工主要是以石攻石，利用锐石打凿、刻玉、划线、磨玉成形，所谓"他山之石，可以攻玉"。后来人们采集或用硬度大的岩石制成解玉砂，利用绳线、兽牙、木杆、骨片、石器等，配合解玉砂，进行钻、锯、磨，使玉材成形，这是史前玉器加工的主要方法。

切割玉器加工，首先要将大块玉料切割成毛坯。根据目前的发掘成果，庙底沟二期至龙山文化时期出土遗物中并没有发现专门的切割工具，从玉璧切割痕迹厚薄大体一致来看，当时所用的切割工具极有可能为极薄的无齿锯[1]。直线切割痕迹也是用某种锯在往复运动切片时带动解玉砂类物质摩擦所造成的。人们在开料时采用片切割技术，能够切开大而薄的玉片，此时玉器表面所遗留的近似直线状的台阶状痕迹无疑是硬性片切割对向操作时所形成的，即在使用片切割对向开料时，当剩余小部分未贯通的时候，使用直接打击法来完成玉片与母体的最终分离。单台阶线状痕则应该是完全由片锯对向切割贯通所致，未使用打击法进行剥离。龙山时期少见双台阶式片切割痕迹。

片切割示意图

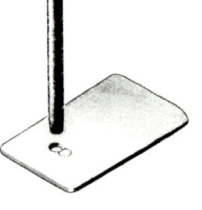

管钻打孔示意图

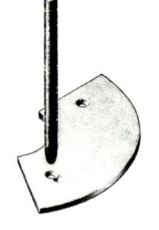

桯钻打孔示意图

钻孔主要使用管钻和桯钻[2]，前已诉及，这一点从玉器孔周残留的痕迹可以观察到。关于史前玉器钻孔时是否使用了机械装置，林华东先生曾提出，玉器钻孔需要把玉器固定在如同陶车的转盘上，经不断转动转盘，并对固定好的竹管加大压力，慢慢钻制[3]。邓聪先生也指出，史前玉器加工存在一种"轴辘机械"装置，这种装置可能固定于地面上，再将玉材固定在机械装置上，机械运动带动玉材运动，固定竹管，加砂浆以解玉[4]。山西地区目前还没有发现制玉作坊类遗迹，因此是否存在"轴辘机械"还不得而知。

在清凉寺、陶寺出土的玉器中，部分玉器有弧线痕，部分玉器有中间宽、两端窄浅的痕迹，有学者认为可能使用了砣机。人们用手拉弓弦使砣轮转动，砣轮用石材制成，做成不同的砣头，配合解玉砂进行琢玉。史前时期应该有与明、清砣机相似的装置来进行磨玉。这种装置包括纵向旋转的钻和横向旋转的砣机，传动装置可能是弓弦或者是绳子。杨伯达先生指出，玉器制作工艺经历了两个发展阶段，即依附于石器工艺阶段和独立发展阶段。前一阶段的玉器加工工艺并不是真正意义上的玉器工艺，只是借助治石工艺及木、牙、骨、陶等装饰手法求得发展，称之为先玉器工艺。这一时期的石质治玉工具可分为两种，一种为手动工具，拿在手中磨玉；一种为转动工具，将其固定在旋转的轴杆上，使轴杆转动，继而带动工具转动磨玉，古人称之为"琢玉"。独立发展阶段是以砣机为主要的砣玉工具，形成完全独立的手工艺产业部门。因此，史前时期可能使用了砣机。

打磨是将已切割好、钻孔的玉料最后打磨成型，实际上是一道成型工序，经过打磨，将玉料的切割痕迹磨去。古方先生曾指出："史前时期的玉器有两种打磨方法，一种是将玉料固定，用砺石加水在玉料上打磨；另一种是将砺石固定，加水在砺石上打磨。"山西地区出土的史前玉石器大都经过打磨这道工序，打磨水平整体较高，器物表面打磨较为规整。

抛光，即为玉器上光。抛光可使用光滑的竹片或兽皮，用兽皮可能更多一些，因兽皮上常有动物性脂肪，呈弱酸性，用兽皮在玉器上来回摩擦，玉器更加光滑。经过抛光处理的玉器光洁度很高，如下靳墓地出土的石钺 M97:1。也有学者指出使用解玉砂进行抛光，与最早利用砺石或动物皮革之类东西打磨相比，这样抛光的玉器光泽度更高。龙山时代可能使用解玉砂进行抛光处理。

刻划主要是把石片状细石器固定在木柄上，然后在玉器表面刻出纹饰。常见的石片有石英石片。史前圆雕反映了石器琢玉工艺的发达程度。关于史前玉器的雕刻工具问题，研究良渚玉器的学者曾提出多种假设，包括鲨鱼牙齿说、燧石工具说、钻石说等。山西地区精雕细琢的一些玉器如黎城县后庄村广志山出土的新石器时代的神面纹玉戚，有可能是借助石英砂雕刻而成的。

玉器的加工需要耗费大量时间，而且有一套独特的加工工具和方法，玉器加工已成为专门的手工艺。庙底沟二期文化至龙山时期应该出现了专门的玉器加工业，有一批固定的玉工专门从事玉器加工工作，制作精良的玉器以供社会上层使用。陶寺文化中的玉器缺乏三大重要的器类：一类为玉牙璋、多孔大玉刀、小孔璧，另一类为玉芯和边角碎料，还有一类是圆片玉等。何驽等学者认为陶寺文化的玉器非本地生产，可能是从石峁一带交换而来的 [5]。

参考文献:

[1] 丁哲.丁哲论古玉 [M]. 北京: 文物出版社, 2018: 14.

[2] 吴棠海.中国古代玉器 [M]. 北京: 科学出版社, 2012:29、32.

[3] 林华东.论良渚玉器的制作工艺 [C]// 徐湖平.东方文明之光.海口: 海南国际新闻出版中心, 1996: 374-381.

[4] 邓聪.史前玉器管钻辘轳机械的探讨 [J].中国社会科学院古代文明研究中心通讯,2002(3): 49-51.

[5] 何驽.华西系玉器背景下的陶寺文化玉石礼器研究 [J].南方文物, 2018（2）: 36-50.

何驽.中国史前玉币趣谈 [J].金融博览, 2017(7): 24-26.

工艺源流

从目前对史前玉器制作工艺的研究来看，玉器开料至少包括打击、线切割、片切割、砣切割四种方法。从宏观角度来看，可能代表了琢玉工艺的不同发展阶段。线切割技术在中国最早出现于距今8000多年前的兴隆洼文化中，用来切割玉玦。线切割技术在东北地区出现后，先在东北地区传播，后又向中原地区、黄河下游的山东地区、长江中下游地区乃至岭南地区传播。河北易县北福地遗址中也发现了线切割玉器。长江下游地区在距今6000年前的河姆渡和崧泽文化（距今5800—5300年）中较盛行线切割开料。凌家滩文化线切割技术在开料和二次加工方面都非常流行。良渚文化中线切割技术达到鼎盛，片切割在良渚文化中的运用只占少数。金沙遗址的牙璋有线切割技术痕迹，可看作线切割技术的时间下限。海岱地区的线切割技术从大汶口文化中期开始使用，长江下游地区在崧泽文化时期出现线切割技术，因此线切割技术的盛行略早于片切割技术。

片切割技术最早在海岱地区大汶口中、晚期出现（距今5500—4600年），龙山文化时期异军突起，很多器物上都留下了对向片切割痕迹。黄河中游的新华、石峁等地都发现片切割痕迹，黄河上游齐家文化玉璧的中间部位也多有片切割痕迹。夏代时继承了这一传统，片切割成为主要的开料方法。片切割技术能够切割出大而薄的玉料，龙山时期的器型总体变大、变薄，和这一技术的运用有很大关系。海岱地区在龙山文化时期大量运用片切割技术切割大型素材，基本取代了线切割技术。

　　就片切割工艺本身而言，可见明确的单台阶状片切割痕。晋南地区及甘青地区尚可见双台阶状痕迹。此两种形式前期加工方式相同，均是采用硬性片锯进行对向切割，区别在于最后贯通的方式。如果完全是通过片锯切割完成最后的贯通，则形成单台阶痕；如果最后采用打断的方式，则会形成双台阶痕。总体而言，双台阶状片切割工艺的效率要高于单台阶片切割，因此可以看作是片切割工艺的进步。就出现区域和时间来看，双台阶状片切割工艺似产生于龙山文化晚期的晋南地区，进而影响到甘青地区。

　　除片切割工艺外，将璧（环）加工为边刃的工艺也呈现出由东向西传播的态势。此种工艺风格的璧（环）在海岱地区大汶口文化中期即已出现，如山东邹城（原邹县）野店遗址 M22、M31、M47 等单位均出土了此类工艺风格的器物 [1]。晋南地区清凉寺墓地各个时期均可见此类工艺风格的璧（环），研究者认为此种工艺理念可能是从海岱地区传播而来 [2]。陕北地区的芦山峁遗址出土的 1 件小玉环的外边缘也可见明显的减薄风格。石峁遗址所出编号为 SSY41 的玉环外缘较薄，近似刃边 [3]。甘青地区目前尚未发现明确的此种工艺风格的璧或环。

　　关于史前玉器的镶嵌工艺，王强在《试论史前玉石器镶嵌工艺》一文中对镶嵌工艺的传播进行了总结。镶嵌工艺最早发现于海岱地区大汶口文化中期，向南传播到良渚文化中，并在该文化中广泛使用。大汶口文化晚期至龙山文化时期，随着海岱文化的向外扩张，镶嵌工艺也迅速向四周传播，向北传播至辽东半岛地区，向西传播到中原地区，又以陶寺文化受到的影响最大。同时，陶寺发展出一种在骨笄上镶嵌绿松石的技术，为海岱地区所不见 [4]。河南地区受到的影响相对较小，没有发现明确的镶嵌器物，但夏时期时这一工艺在此区非常流行，出土了大量的镶嵌器物，镶嵌工艺运用非常广泛。

玉器作为重要的考古学遗存，其研究一直是学术界关注的焦点。以往在研究与周围地区的文化交流时多是从相似器型的角度来探讨，近年来，一些学者尝试从制玉工艺的角度来考察史前时期各地区的文化交流和传播。日本学者冈村秀典在其《中国史前时期玉器的生产和流通》一文中指出，良渚、大汶口和红山文化出土的玉器都使用管钻法，并且管钻技术从南方向北方传播，第一次从工艺角度探讨了诸文化之间的交流和传播。海岱地区是辽东半岛、长江中下游、黄河中游等多个地区的相邻地带，是文化交流的重要连接点，其玉器既表现出多种文化因素的特点，又显示出本地区的自身特色，是整个中国东部地区史前玉文化的重要组成部分。这一地区出土的史前玉器数量较多，种类丰富，制玉技术先进，蕴含着丰富的社会结构、生产、礼制等方面的内涵。

参考文献：

[1] 王强, 杨海燕. 西玉东传与东工西传——黄河流域龙山时代玉器比较研究 [J]. 东南文化, 2018 (3)：80-89.

[2] 山西省考古研究所, 运城市文物工作站, 芮城县旅游文物局, 等. 清凉寺史前墓地 [M]. 北京：文物出版社, 2016：634.

[3] 戴应新. 陕西神木县石峁龙山文化玉器 [J]. 考古与文物, 1988 (5-6)：239.

[4] 王强. 试论史前玉石器镶嵌工艺 [J]. 南方文物, 2008 (3)：85-90.

小结

从庙底沟二期文化中晚期开始，山西地区史前时期的玉器制作加工有相对固定的流程，划线开料（线切割、片切割，以片切割为常见）、磨制、钻孔、抛光等，形成一套完整的加工体系。这一时期，片切割开料大量使用。由于片切割相对于线切割来说能切割出更大、更薄的素材，因此龙山文化时期的玉器大多体形较大且偏薄，这是技术革新带来的器物整体风格的变化，这种变化正是制玉工艺进步的表现。

这一时期的磨制工艺已经相当成熟，出土玉石器大都全身被打磨光滑，如钺、璧类玉石器中间的一些孔壁都在钻孔完成后又打磨过。粗磨、细磨技术在这一时期已经非常成熟。很多器物表面光滑无痕，抛光工艺已经相当普遍。

钻孔技术成熟，桯钻、管钻流行。钺类一般是小孔，多用实心桯钻。璧、环类孔大，钻芯可二次利用，故大多用管钻。一些玉璧外周呈规则圆形，可能是大管钻取下的钻芯。管钻技术的成熟和流行，方便钻比较大的孔，使得器物相对前一时期来说形体较大。

龙山文化时期，大量绿松石嵌片的出现说明镶嵌工艺得到进一步发展。雕刻、圆雕、镂空等工艺都用于玉器加工，玉器形象更加生动。不过，在雕琢工艺方面，玉器绝大多数通体磨光，表面滑润，未见任何装饰纹样，很少使用雕刻技术，这是整个山西地区史前玉器在工艺方面存在的共性。玉器的加工工艺采取了区别对待的方法，璧、琮等玉礼器制作精细，一部分生产工具则很少打磨、抛光，有的还保留着切割痕迹。

　　龙山文化时期，玉器的整体风格发生改变，和圆雕、浮雕、镂空等复杂工艺的运用也密切相关。复杂工艺的出现说明制玉业更加发达，其作为一个独立的手工业部门，形成了自己的技术特色。可能从这一时期开始，山西地区的玉器制作已经形成了独立的加工体系，虽然不像制陶业那么高度发达，却也是当时社会中非常重要的手工业之一，但目前山西并未发现手工业作坊遗址，山西地区玉器的制作情况仍然是一个有待探索的课题。

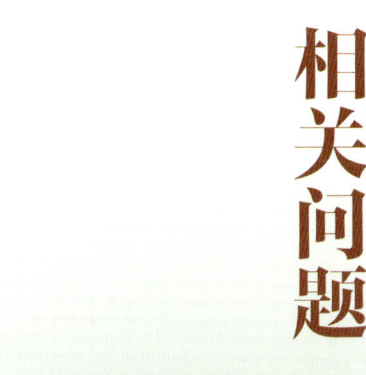

相关问题

玉汇中国

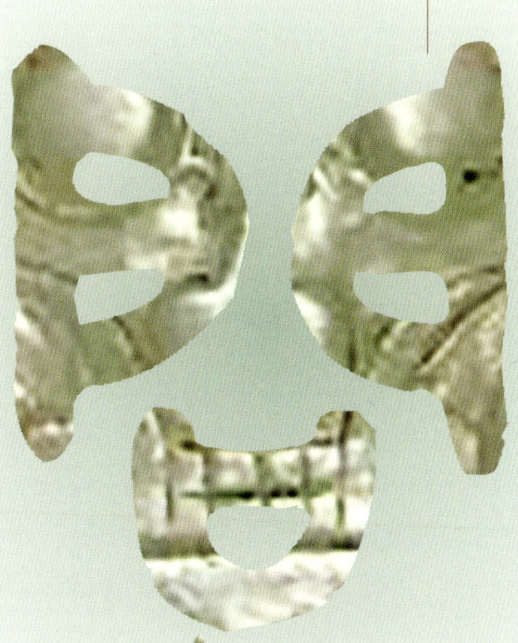

黎城玉戚

    1963 年，山西省黎城县后庄广志山山腰处出土两件青玉戚，为青褐色透闪石软玉磨制而成，呈长方形，似斧状。其中一件光素无纹，高 17.2 厘米，上端宽 9.7 厘米，刃宽 10.5 厘米。另一件有黄白色、黑色瑕斑，表面光亮平滑，玉质细腻，上端平直，自上而下成斜线外撇，下端为刃，刃部宽于上端，高 20.6 厘米，上端宽 11 厘米，刃宽 13.1 厘米，无使用痕迹；戚最厚处为上端中央，厚 0.4 厘米，中央微微隆起，两边边缘及刃部渐薄，上部正中有一直径 1.5 厘米的对钻圆孔，左右边沿中上部依线刻纹饰形成凹凸不齐的扉棱[1]。本文所述即该件玉戚。

    戚，《说文·戉部》："戚，戉也，从戉，尗声。"段玉裁注："戚小于戉。"王绍兰在《说文段注订补》中说："戚刃蹙缩，异于戉刃开张，故戉大而戚小。"《玉篇·戉部》："戚，戉也。或作戉。"《诗·大雅·公刘》："弓矢斯张，干戈戚扬。"毛传："戚，斧也；扬，戉也。"《礼记·明堂位》："朱干玉戚，冕而舞《大武》。"郑玄注："戚，斧也。"《山海经·海外西经》："（刑天）乃以乳为目，以脐为口，操干戚以舞。"《礼记·祭统》"朱干玉戚以舞大武。"《周礼正义》："以文得之，先文乐，持羽毛而舞；以武得之，先武乐，持朱干玉戚，所以增威武也。"刘熙《释名》又载："戚，慼也。斧，以斩断，见者皆慼惧也。"可见，戚是一种与钺、斧外形比较相近的器物，也是一种兵器。在新石器时代，石钺主要用于军事，后来发展成军事首领或酋长权力的标志物。随着发展，在举行重大礼仪和祭祀鬼神、进行乐舞时，与钺一样，最后成为显

A 面   B 面

黎城出土的玉戚

示权力和地位的礼器。

该件玉器的特殊之处在于雕琢神面纹的图案，A、B 两面均有两组阴线刻的图案，A 面右边是面部朝外的神人侧面头像，顶部有冠饰，披长发，五官清晰可辨。左侧由上半部分神人像和下半部分台基组成，神人头戴冠饰，台基中间有"十"字形图案，整体表现为台基上置神冠。"B 面与 A 面大致相同，位置左右交换。将玉戚上两面图案简单调整会出现三个图案。调整之后的图案共有两个人，一个面孔的眼横卧，另一个眼部则是立目，头戴的冠饰基本一样。第三个图是十字形台座上置神人冠饰"[2]。

林巳奈夫[3]和邓淑苹都认为类似黎城玉戚上的图案属于山东龙山文化系统，这些图案与山东日照两城镇采集的玉圭（采集人称之为石锛或玉斧）上的图案相似。海岱地区丹土遗址出土过一件玉戚，时代为大汶口文化晚期。邓淑苹先生认为丹土遗址所出玉戚与黎城所出玉戚非常类似，均为侧面人像风格，并指出黎城所出玉戚应来源于海岱地区[4]。1963 年，刘敦愿先生在山东日照两城镇采集了一件长方形扁平石锛，器物上部正反两面均单线阴刻类似兽面的纹饰，两面纹饰图案不同[5]。

在浙江余姚反山、瑶山、潜山等良渚文化墓地中也出土了典型的有神人兽面纹的玉器。反山墓地 M12 出土的玉钺 M12∶100[6]，包括冠饰、钺身和端饰，出土于墓室左侧，钺的柄端握于墓主人左手，钺身在墓主人左肩部，钺冠饰在上端。这件器物和黎城玉戚一样，在其两面刃部上角均有精细的阴线雕刻的兽面纹饰，发掘简报中称之为浅浮雕"神徽"。石家河文化遗址中也可以看到带有相似冠饰的玉鹰、鹰纹笄和神祖像，与黎城玉戚神面上的冠饰有一定的联系。

　　对黎城玉戚性质的认识，多数学者认为它是作为一种礼器存在的。黎城玉戚刃部无任何使用痕迹，应该不作为实用工具使用，且玉戚上刻画繁复的羽冠神人面和台座，表现了军权和神权相结合的含意。刘永生先生推测该玉戚图像表现的是黄帝和天帝授权于执玉戚者，使其接受神的使命，指挥军事力量，完成神圣的任务，是"君权神授"的有代表性的礼器，是龙山文化后期玉礼制的成熟表现 [7]，因此这件玉戚是身份和权力的象征物。台湾学者邓淑苹先生推断玉戚上的人像是蚩尤 [8]，是与中原黄帝正宗相对立的部族首领。玉戚的图案是比较写实的，鼻子尖，嘴唇部分很细微，虽有正、反两种形式，但基本造型、装饰特点是一致的，都是披长发，戴耳饰和冠饰，是部族权力的象征。

　　在调查石峁遗址时，考古学者还征集到一件龙山时期双面平雕的玉人头像，编号 SSY122。玉人头束高髻，圆形脸，鹰钩鼻，嘴微张，线刻大眼，腮部鼓出，脸庞中部钻有一圆孔，高 4.5 厘米 [9]。这件器物的兽面形象、玉人面部的表现方式等均和黎城玉戚的神面纹饰相似。墓葬年代属龙山文化晚期的石峁遗址出土了多件玉戚。

　　从发现的史前玉戚实物来看，黎城玉戚的形制和纹饰都和良渚文化的玉戚更为接近。其纹饰结构像良渚文化同类器，细弦纹的雕琢技法又具有山东龙山文化的特点。按照文化发展脉络，带有神人兽面形象的玉戚应该起源于良渚文化，进而向北传播到山东龙山文化和湖北石家河文化。此后，这种神人兽面的文化因素继续向西传播，在陕西地区龙山文化的石峁遗址中也能见到此类玉器。黎城地处晋、冀、豫三省交界处，是往来交流的重要通道，黎城玉戚可能是黄河流域玉石之路互动交流的重要见证物。

参考文献：

[1] 刘永生，李勇．山西黎城神面纹玉戚 [M]// 山西省博物馆．山西省博物馆八十年．太原：山西人民出版社，1999：117-124.

[2] 刘永生．黎城玉戚的再研究 [C]// 山西省考古学会，山西省考古研究所．山西省考古学会论文集（四）．太原：山西人民出版社，2006：90-96.

[3] 林巳奈夫．所谓饕餮纹表现的是什么？[M]// 京都大学人文科学研究所．东方学报（第五十六册）．京都：京都大学，1984．又收入樋口隆康．中国考古学研究论文集 [C]．香港：东方书店，1990.

[4] 邓淑苹．晋、陕出土东夷系玉器的启示 [J]．考古与文物，1999（5）：23.

[5] 刘敦愿．记两城镇遗址发现的两件石器 [J]．考古，1972（4）：56.

[6] 浙江省文物考古研究所反山考古队．浙江余杭反山良渚墓地发掘简报 [J]．文物，1988（1）：15-16.

[7] 刘永生．黎城玉戚的再研究 [C]．山西省考古学会，山西省考古研究所．山西省考古学会论文集（四）．太原：山西人民出版社，2006：90-96.

[8] 邓淑苹．晋、陕出土东夷系玉器的启示 [J]．考古与文物，1999（5）：23-24.

[9] 戴应新．陕西神木县石峁龙山文化玉器 [J]．考古与文物，1988（5-6）：239.

清凉寺玉虎头像

清凉寺墓地第三期墓葬 M87（龙山文化时期）中出土了 2 件玉虎头像，均为伊利石，表面为白色，微泛浅黄色，正面圆雕出虎头的面部轮廓，背部平整，两侧各有一个楇钻的斜穿小孔直通背部，中间为贯穿上下的头部，应为缝缀的饰品[1]。

这两件玉虎头像和石家河文化晚期（约公元前 2200—公元前 2000 年）同类器物相比，在质料、雕琢手法和造型等方面有一定的相似性。其中玉虎头像 M87:4 面部五官刻画明显，虎头形象较为生动，和湖北钟祥六合遗址出土的浮雕玉虎头像 W4:2[2] 相似，都是具象式的虎头像，耳部向上竖起，呈心形花朵状，且都有纹饰，腮部较鼓外凸，圆形双目轻微内凹。不同的是，清凉寺墓地的玉虎头像下巴部分是圆弧形的，而六合遗址的玉虎头像下巴则较为平直。清凉寺墓地 M87 出土的另外一件玉虎头像 M87:5 是简化之后的玉虎首，外廓和石家河文化晚期肖家屋脊遗址的 010 相似，但清凉寺的这件下巴更加圆润，五官不清晰，仅仅雕刻出耳、眉、眼、鼻等部位的大致样式。清凉寺墓地 M87 的规模较大，墓主人可能是一名成年男子，身份等级较高。该墓的随葬品都是玉石器，这两件玉虎头像发现于墓室的中部偏北，其北侧还出土了一件石琮，可能是在东南文化影响下制作的。

肖家屋脊遗址的玉虎头像大多出土于瓮棺中，随葬玉器的数量与瓮棺的形制和大小有关。其中 W6 属于两瓮相扣[3] 的大型瓮棺墓，两瓮相加残高约为 112.8 厘米，共出土包括 4 件玉虎头像在内的 56 件玉器。这是一个成人墓，为便于殓葬，先锯开瓮的肩部，装入尸骨和随葬品后再扣合，属于二次葬。随葬如此之多的玉石器，墓主人的身份、

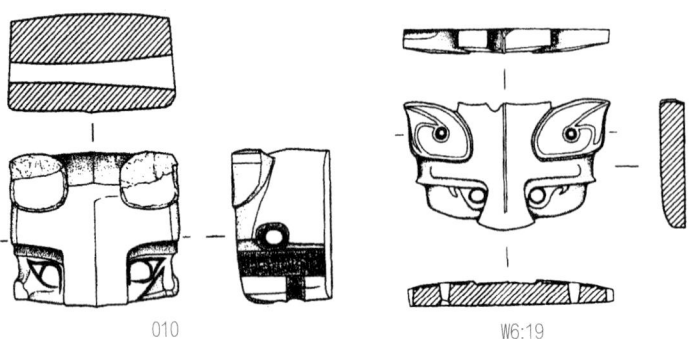

010　　　　　　W6：19

肖家屋脊遗址出土的玉虎头像

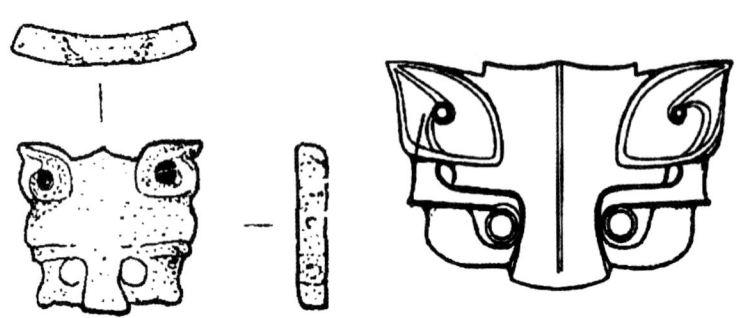

钟祥六合遗址出土的玉虎头像（W4：2）　　　石峁遗址出土的玉虎形饰

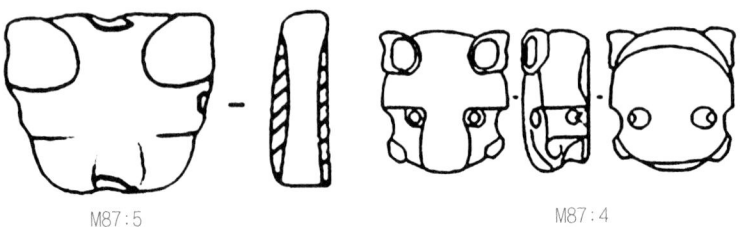

M87：5　　　　　　　　　M87：4

清凉寺墓地出土的玉虎头像

地位应该是较高的。张绪球在《石家河文化的玉器》中提到"石家河文化的玉器不只是物质财富的象征，同时也是一种精神文化产品"[4]。古人认为佩戴玉器既可以装饰，又能保身，还是身份的象征，随葬玉器可以不朽。这些玉石器上雕刻的动物形象应该和玉石所代表的神力有关。动物形象的饰物在原始宗教信仰活动中应该是人与神灵沟通的信物或是媒介。《说文解字》称："虎，山兽之君也。"在中国文化中，虎代表着神勇猛力、驱凶辟邪、吉祥如意，虎形象的艺术作品就成为沟通人神、联系自然、祈福辟邪、生生不息的表现形式。石家河文化的玉虎头像对虎的凶猛之状刻画得不太明显，清凉寺墓地的玉虎头像更是经过艺术加工后的形象，应是当时的人类为了祈求拥有虎的神力，同时又对虎有敬畏之感而创造出具有抽象之美的玉虎头像，来表达他们的文化信仰[5]。清凉寺第三期墓葬出土的两件玉虎头像在整体造型、雕刻手法、细部表现形式等方面都体现出石家河文化同类器物的特征。清凉寺墓地第二期（庙底沟二期）至第四期约为公元前2300—公元前1800年间，这一时期二者的传承关系显而易见，中原地区的玉石器风格也受到南方同时期文化的影响。

在调查陕北石峁遗址时，考古人员征集到一件龙山文化时期的玉虎形饰SSY124[6]，是典型的石家河文化类型的器物，雕于一件圆管上，正视近方形，侧视为圆形，长2.1厘米，宽2.2厘米，厚0.5厘米。这件器物的形制和肖家屋脊遗址出土的玉虎头像W6:19相似，都是将虎头形象琢于较薄玉片上的具象浮雕。其额部微凸，呈人字形；耳大似宽叶形，内有旋涡形，并钻孔；中间有一条竖线，应该是眉脊与鼻梁连成的棱；圆目，鼓腮，鼻宽大。石峁遗址的这件玉虎头像眼部的刻画比石家河文化的简单，仅以阴线勾勒出轮廓，简易、粗糙，总体上更图案化，凹凸有致。玉虎头像在石家河文化遗址中较为常见，是石家河文化玉器的主要特征，石峁遗址征集的这件玉虎头像应是受石家河文化影响的产物。

玉虎头像在不同的史前遗址中出土，体现了不同地区玉石文化的交流。冈村秀典从玉器分配、流通的角度探讨了石峁玉虎头，认为其源于石家河文化。他认为石家河文化的玉虎头是被中原统治者以政治或礼仪的目的分配给陕北的酋长们，象征身份或权力[7]。石峁遗址的年代大致开始于客省庄二期文化，其下限已经进入二里头文化时期。邓淑苹认为石峁遗址的玉虎头像具有石家河文化玉器的风格，推测在龙山晚期至夏代时，南北之间的交流频繁，石家河玉器可能作为战利品被带到了陕北。

晋南清凉寺墓地和陕北石峁遗址均出土了玉虎头像，体现出石家河文化玉石器文化的强大影响力，为探讨龙山时代文明起源及玉文化的传播路线提供了重要参照。

参考文献：

[1] 山西省考古研究所,运城市文物工作站,芮城县旅游文物局,等.清凉寺史前墓地 [M].北京:文物出版社,2016:638.

[2] 荆州地区博物馆,钟祥县博物馆.钟祥六合遗址 [J].江汉考古,1987(2):23-24.

[3] 湖北省荆州博物馆,湖北省文物考古研究所,北京大学考古学系,等.天门石家河考古发掘报告之一:肖家屋脊 [M].北京:文物出版社,1999:345.

[4] 张绪球.石家河文化的玉器 [J].江汉考古,1992(1):60.

[5] 邓淑苹.晋、陕出土东夷系玉器的启示 [J].考古与文物,1999(5):15-25.

[6] 戴应新.陕西神木县石峁龙山文化玉器 [J].考古与文物,1988(5-6):239.

[7] 冈村秀典.公元前二千年前后中国玉器之扩张 [M]// 邓聪.东亚玉器.香港:香港中文大学中国考古艺术研究中心,1998:79-85.

陶寺玉神面

湖北石家河文化晚期肖家屋脊遗址曾出土一件片状透雕的兽面玉牌饰 W6:60[1]，发掘报告将此类器物称之为"虎头像"，但其形制与虎头像有较大的差异，应为"兽面玉牌饰"或"神面玉牌饰"。该类器物出土数量较少，却极具石家河文化特色。该玉神面额顶是亭形冠，冠的两侧似屋檐形状，面部仅雕出狭长的眼部，外廓的勾勒线条十分流畅，额顶之外的部分为月牙形。湖北钟祥六合遗址[2]也出土了一件类似的兽面玉牌饰 W9:1，造型比较抽象，头戴"介"字形冠，面部仅透雕一双半睁的斜目，面部两侧上方有弯角，似屋檐，两颊鼓腮，鼻向下突出，弯角下和两颊有两道翼状凸饰。这两件都是石家河文化晚期的兽面玉牌饰，均为片状透雕，肖家屋脊的这件眼部比六合遗址的更狭长，其他则比较省略，整个外廓的线条更加流畅，六合遗址的雕琢比较细致。

这类兽面玉牌饰在山西陶寺文化的遗址中也有发现。2002 年，山西襄汾陶寺文化中期的一座大墓 ⅡM22 出土了一件神面玉牌饰 ⅡM22:135，片状透雕，顶部戴有"介"字形冠，面部两侧伸出并上弯，似翼状，弯角下和两颊有两道翼状凸饰，双目半睁，鼓腮，鼻向下突出，下端中间钻有一个圆孔，似嘴，也可穿孔。陶寺的这件器物与石家河文化的兽面玉牌饰明显属于同类器物，眼部的刻画比石家河文化的更温和，安详、神秘，应是祭祀神的礼器。《陶寺城址发现陶寺文化中期墓葬》中判定 ⅡM22 的时代为陶寺文化中期偏晚[3]。田建文在《陶寺 2002 ⅡM22 的年代问题》一文中认为其年代在"龙山时代之后和二里头文化之前"，而不是"陶寺文化中

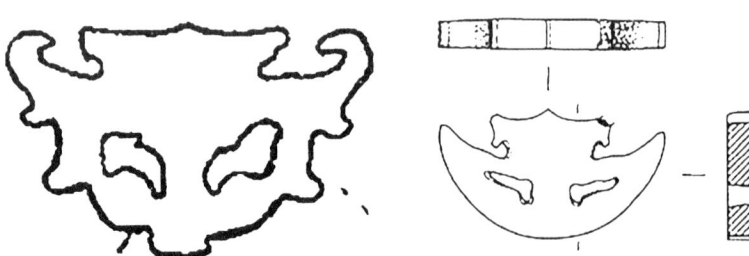

钟祥六合遗址出土的兽面玉牌饰（W9∶1）　　　肖家屋脊遗址出土的兽面玉牌饰（W6∶60）

期偏晚"[4]。石家河文化玉器的年代大致相当于陶寺遗址的中、晚期，两地都出土了相似的兽面玉牌饰，二者的联系应比较密切。陶寺遗址 M22 的规模大，随葬品数量多，种类丰富。墓室东壁中央还放置一件公猪下颌骨，带有又长又弯的獠牙。罗明认为随葬的公猪下颌象征华夏四族共同崇拜的次高神北斗猪神，表明墓主人身份等级很高，应该是王[5]。从 2002 年和 2006 年陶寺遗址发掘的 28 座墓来看，ⅡM22 是陶寺文化中期墓地目前发掘的 28 座墓葬中规格、等级最高的墓葬，还随葬了玉钺、石镞、骨镞、彩绘陶器、木器、鼍鼓、特磬等，反映了此墓主同时拥有军权、神权和族权，地位极高。

　　2006 年 4 月，山西省曲沃县羊舌村两周之际的晋侯大墓 M1 中出土了一件玉神面，青白色，玉质莹润，扁平状，通高约 7 厘米，宽 4.8 厘米，厚 0.8 厘米[6]。此器物由上、下两部分构成，上部为冠饰，装饰简化的鹰纹。从整体造型来看，四只鹰纹又为一正面伸展双翼的神鹰[7]。《山西曲沃羊舌晋侯墓地发掘简报》中，根据墓葬的形制特征，认为 M1 组墓葬是一代晋侯和夫人的合葬墓，其中 M1 的墓主人可能是晋国两周之际的一代名君晋文侯[8]。林继来和马金花通过比较器物的造型、纹饰、雕工等，认为晋侯墓 M1 出土的玉神

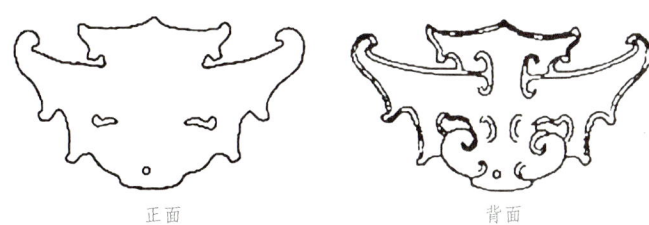

正面 背面

陶寺遗址出土的兽面玉牌饰（ⅡM22：135）

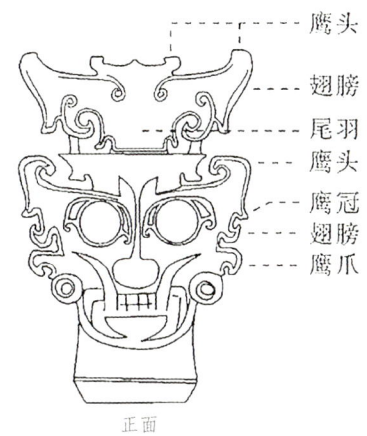
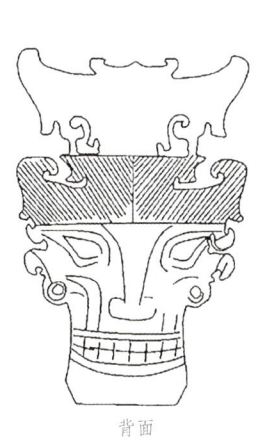

鹰头
翅膀
尾羽
鹰头
鹰冠
翅膀
鹰爪

正面 背面

曲沃羊舌晋侯墓地出土的玉神人面像（M1：88）

面是早期的遗物，其年代应定为石家河文化晚期[9]。其背面的纹饰
工艺是双钩阴刻技法，应为后刻，琢刻的年代与墓葬同期，为两周
之际至春秋早期。这件玉鹰冠饰和六合遗址的 W9：1、肖家屋脊遗
址的 W6：60 及陶寺遗址的ⅡM22：135 兽面玉牌饰造型风格类似，
浅浮雕纹饰，五官简化，顶部都是冠饰，两侧呈屋檐形，弯角外侧
与面廓相连，呈新月形。不同的是，前面几件表示的动物形象是兽面，
而晋侯墓地的这件是神鹰，应该是文化交流、发展的结果。从目前

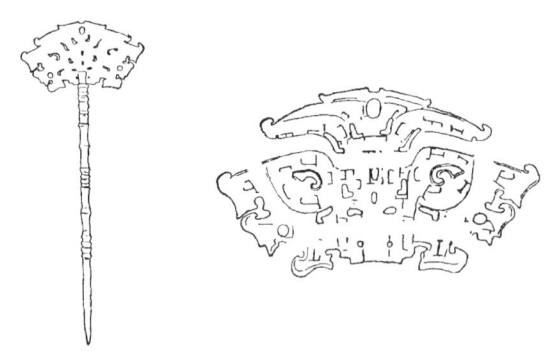

山东临朐朱封遗址 M202 出土的透雕玉冠

出土的几件玉兽面牌饰来看，此类玉器流行于新石器时代，到两周时期还有。这几件兽面玉牌饰的发展序列可能是：石家河文化兽面玉牌饰—陶寺遗址的兽面玉牌饰—曲沃羊舌晋侯墓地的玉神面。

杜金鹏先生在《石家河文化玉雕神像浅说》[10] 中认为石家河文化的玉虎头像应是用于冠冕之上的徽像，是拥有者权力与地位的标志。六合遗址出土的兽面玉牌饰 W9：1 与山东临朐朱封遗址 M202出土的透雕玉冠饰是同类型的器物，使用方法应该相同。朱封龙山文化的玉冠饰出土于墓主人头部的左侧近旁，年代大体属于龙山文化晚期偏早阶段，由首 M202：1、柄 M202：2 两部分组成，首部下端正中有浅槽，与柄部上端的卯口正相吻合，浅槽旁边的一对小圆孔应当是为了加固器物而设的系孔 [11]。六合遗址的玉牌饰与朱封玉冠饰的构造类似，没有钻小孔，应该不是佩饰，兽面的下部正中凸出，可能是为夹嵌于他物之上而专设的。六合遗址的兽面额部是人字形冠，肖家屋脊出土的兽面还有亭冠形和羽冠形，这些都是"皇冠"，象征着极高的权力和地位。

史前时期的玉神面主要见于山东龙山文化、湖北石家河文化、太湖地区的良渚文化和东北的红山文化遗存中，有的直接以神面为器，有的是在玉器上刻有神面纹，也许象征了不同地域的不同神祇系统。这些玉饰被认为与原始宗教有关，用于祭祀，用来象征先民膜拜的神灵。有的学者认为，这或许是巫觋像，在通神时佩戴，通过佩戴这些像与神沟通，可以得到神灵庇佑。陶寺的这件玉神面在造型和风格上更接近山东龙山文化一系，但与后者相比造型较为简单。

参考文献：

[1] 湖北省荆州博物馆，湖北省文物考古研究所，北京大学考古学系，等.天门石家河考古发掘报告之一：肖家屋脊 [M].北京：文物出版社，1999：348.

[2] 荆州地区博物馆，钟祥县博物馆.钟祥六合遗址 [J].江汉考古，1987（2）：23-24.

[3] 中国社会科学院考古研究所山西队，山西省考古研究所，临汾市文物局.陶寺城址发现陶寺文化中期墓葬 [J].考古，2003（9）：771-774.

[4] 田建文.陶寺 2002 Ⅱ M22 的年代问题 [J].文博，2019（5）：28-34.

[5] 罗明.陶寺中期大墓 M22 随葬公猪下颌意义浅析 [N].中国文物报，2004-06-04.

[6] 吉琨璋，孙永和，吕晓明，等.山西曲沃羊舌村发掘又一处晋侯墓地 [N].中国文物报，2006-09-29.
国家文物局.2006 中国重要考古发现 [M].北京：文物出版社，2007：72.

[7] 林继来，马金花.论晋南曲沃羊舌村出土的史前玉神面 [J].考古与文物，2009（2）：56.

[8] 山西省考古研究所，曲沃县文物局.山西曲沃羊舌晋侯墓地发掘简报 [J].文物，2009（1）：4-26.

[9] 同 [7].

[10] 杜金鹏.石家河文化玉雕神像浅说 [J].江汉考古，1993（3）：51-58.

[11] 杜金鹏.论临朐朱封龙山文化玉冠饰及相关问题 [J].考古，1994（1）：55-64.

其他相关问题

山西地区出土的史前玉器时代较为集中，造型简单，器表多素面无纹，器类以钺、璧、环、刀为主，兼有琮、璜等。山西地区史前玉器出土部位明确，为认识各类玉器的功能及性质提供了确凿的依据。

一、璧

山西史前玉石璧造型的突出特点是中孔较大，好的直径普遍等于或大于两侧肉的宽度之和。也有部分中孔较小的璧，好径大于一侧肉宽，如清凉寺墓地有部分玉石璧中孔较小，约占三分之一，下靳墓地也有 8 件，陶寺墓地 72 件玉石璧中仅 15 件中孔较小。这类小孔玉石璧的特征可能更接近良渚文化玉璧的风格。

清凉寺墓地出土的玉石璧（环）多数套在墓主人手臂或腕上，或者用环绕方式放在手臂上，仅有个别器物放在腕部或臂旁，少数置于胸、腹部，流行几件器物一起叠套于小臂上的做法。薛新明先生认为，这些器物可能是生活中的装饰品，但与普通装饰品又有明显区别。下靳墓地出土 18 件玉石璧，出土位置明确，置或套于墓主人右前臂的有 11 件，另有 2 件置于右肱骨上，1 件套于右手上。复合璧共出土 8 件，出土位置明确，套于墓主人右前臂的有 3 件，套于左前臂的有 1 件，置于右肱骨处 1 件。陶寺墓地未经扰动，出土位置明确的璧有 71 件，几乎五分之四可能原是悬挂在身上，又以上身右侧部位为多，似乎是佩饰（标本 MDC : 10 肉上有一小孔，当用于悬系），少数作为臂饰、腕饰套在臂部、腕部，或平置于手上。至于握在手中者，则可能有另外的含义。当然，平置于尸身上下的璧也不排除是下葬过程中作为祭玉放置的。大多数复合璧是套在墓主人右臂上。

初步推测，下靳、陶寺、清凉寺等地发现的玉石璧，其功能应该主要是佩饰，这同良渚文化中大量的小孔玉璧当有根本的不同。良渚文化中大量的小孔玉璧多叠置于墓主人下肢附近，部分置于胸、腹部或头端，鲜有置于手臂附近的，更无套于手臂之上的。不过，也有学者认为，从玉璧平置于手臂上的情况看，玉璧原本不是作为手镯套在手上使用的，且玉璧偏宽的体形，套在手臂（以右臂为多）上，实在妨碍墓主人生前的生活与生产，因此玉璧只是在比较特殊的情况下在入殓下葬时才套在墓主人的手臂上，其功能与含义同平置在墓主人手臂上的玉璧无本质区别，仍旧带有礼仪象征寓意。

山西出土的史前玉璧的种类有圆形璧、方形璧、牙璧等，在海岱地区的大汶口文化中均可找到同类器物。而复合璧（或联璜璧）为晋南、陕北以及甘青三个区域所共有，目前发现的最早的标本见于晋南地区。山西下靳、陶寺、清凉寺三地普遍使用复合璧（环），为山西玉器一个显著的特色。复合璧有2~6片，分别组成二联璧、三联璧、四联璧、五联璧、六联璧等，如清凉寺墓地出土的M4:11、M48:1、M54:2等复合璧。从时间早晚来看，源流关系明显，晋南可能为其起源地，然后传播至陕北，进而再传至甘青地区[1]。关中地区不见此类器物，高江涛先生认为，此类器物向晋、陕北部传播，而不是向西或其他方向传播，或许与之同属于龙山时期考古学文化的"鬲系统"而有着强烈的文化认同有关[2]。

红山文化的一些玉器风格可能经过黄河下游中转以后也传入了芮城清凉寺一带。清凉寺庙底沟二期文化墓葬中发现的玉梳形器

M146∶7，与红山文化的勾云形佩比较相似；出土的牙璧 M100∶7
和带孔方形璧 M150∶3，造型与红山文化、大汶口文化发现的同类
器形态比较近似，但这两类器物年代最早的发现地属于红山文化分
布区。陶寺墓地也出土 1 件牙璧，同山东龙山文化同类器相类。山
东地区的牙璧和方形璧的产生很可能受到红山文化的影响，而后又
传入芮城清凉寺和陶寺。

二、琮

陶寺早期墓葬中发现的琮多平置在墓主人臂上，或套在右臂上，
个别平置于胸、腹间，中期墓葬出土的琮也有部分套在墓主人手臂
上，有学者认为琮可能具有礼器的性质。清凉寺、下靳、陶寺出土
的琮，造型较良渚文化的玉琮简单，除清凉寺墓地的琮出自较高级
墓葬外，其余两地出土琮的墓葬级别不高，与良渚文化玉琮出土于

高等级墓葬的特点不同，其器型与海岱地区大汶口文化和龙山文化时期同类器相近。

三、钺

经统计，下靳墓地 52 座墓葬出土 59 件钺。未经扰动的墓中所发现的钺皆横向平置，多置于墓主人髋骨或股骨上。

在陶寺墓地中，据 1978—1985 年发掘资料，有 80 多座墓出土近百件玉石钺，大多数在墓主人股骨、髋骨外侧，或放在两腿之间、胸腹部及压在背下，个别在尸敛上方的填土中。陶寺文化时期，随葬玉石钺并非大型墓主人的专利，诸多小型墓随葬玉石钺的现象也十分普遍。可见，就陶寺文化而言，玉石钺并不具有权杖之类明显表示权力的意义。

钺虽是军事统率权和王权的象征，但下靳墓地没有发现王者身份的大墓，部分略大的墓葬墓主人至多是生前拥有较高的社会地位和贵族血统，一般出土玉石钺的小型墓的墓主人也就是生前略有地位和稍微富裕些而已，因此，这批玉石钺应该仅是反映了墓主人生前的一种身份和地位，并不能确指其拥有某一级别的权力[3]。但在清凉寺墓地中，钺多见于等级较高的墓葬中，作者认为可能是墓主人身份的象征。

晋南地区的钺，平面大多近似长方形或梯形，上端略窄，下端略宽，其风格特点与大汶口文化的同类器相近，而与淮河到环太湖地区出土的所谓"风"字形钺不同，其特点是上下两端的宽度相差较大，刃为中部突出的弧形。陶寺遗址出土的玉石钺与大汶口文化晚期至龙山文化同类器相似，陶寺文化晚期玉石钺与陕北龙山文化（新华文化）有诸多相似性，玉料开片甚薄。从玉钺所属文化的年代来分析，可看出玉石钺由海岱区经晋南区、陕北区至甘青区的传播路径。

四、刀

陶寺墓地、下靳墓地的石刀为双孔，而清凉寺墓地的石刀多为奇数孔，双孔刀极少。双孔刀与海岱地区大汶口文化和龙山文化近似，而多孔刀更多地发现于安徽薛家岗文化遗存中。陶寺、下靳、清凉寺墓地随葬钺、刀、璧、环等玉器的文化传统可能来自山东大汶口文化墓地和安徽薛家岗三期文化。薛家岗三期文化墓葬中发现的 36 件石刀近顶部钻孔，有单面钻和两面对钻两种，孔均为奇数，清凉寺墓地出土的石刀整体造型与其相似。

五、有领环 [4]

下靳墓地、清凉寺墓地出土了有领玉环，如下靳墓地 M234、M276、M279 各发现 1 件有领玉环，清凉寺第三期 M146 也发现六边形有领环 M146:3。有领环类器物为海岱、晋南以及甘青三个区域所共有。海岱地区海阳司马台遗址出土 1 件，大汶口遗址曾出土过象牙质有领环，可能是此类器物之源头 [5]。甘肃积石山新庄坪遗址所出有领环属于龙山文化晚期，与司马台遗址所出较为相似 [6]。山西地区史前墓葬出土的有领环很可能受到海岱地区的影响。

参考文献：

[1] 王强，杨海燕 . 西玉东传与东工西传——黄河流域龙山时代玉器比较研究 [J]. 东南文化，2018（3）：86-95.

[2] 高江涛 . 陶寺遗址出土多璜联璧初探 [J]. 南方文物，2016（4）：89-97.

[3] 宋建忠 . 山西临汾下靳墓地玉石器分析 [J]. 古代文明（第 2 卷），2003:121-137.

[4] 同 [1].

[5] 山东博物馆，良渚博物馆 . 玉润东方 [M]. 北京：文物出版社，2014：164.

[6] 朱乃诚 . 素雅精致　陇西生辉——齐家文化玉器概论 [M]// 北京艺术博物馆，甘肃省博物馆，青海省博物馆，等 . 玉泽陇西——齐家文化玉器 . 北京：北京美术摄影出版社，2015：204-275.

小结

　　大量使用玉器随葬是山西史前时期墓葬的显著特点。清凉寺墓
地出土的玉器以璧类（含复合璧）为主，其次为钺、环和石刀；陶
寺墓地和下靳墓地钺的出土数量最多，其次才是璧、刀等，且陶寺
墓地所见的圭也基本不见于清凉寺墓地。不同的玉器预示着不同的
功能，出现在墓葬中，可能反映了不同部族崇玉风格的不同。

　　陕北地区出土的玉器与晋南地区出土玉器时间相当或略晚，种
类以刀、钺、璋为大宗，也有璧、琮、圭等，总体特征与晋南地区
发现的玉器有许多共同之处。如刀的形制相似，均有双孔刀和多孔
刀；钺均存在少量有附孔的现象；两地均发现牙璧和琮类器物等；
芦山峁遗址发现的一件 V 形带把石刀与陶寺出土的同类刀相同。
2012 年以来的考古新发掘情况表明，以陕西神木县石峁遗址为代表
的石峁古城政权在距今 4300 年至 4000 年之际很可能同时充当着
史前时期东玉西传（宗教观念和玉文化的传播）与西玉东输（玉石
资源的传播）的双重中介作用。石峁玉器群的重见天日，碧村遗址
玉器的发现，对考察华夏文明发生期各政权对玉石资源的依赖与具
体运输路线的意义非同小可。

　　从晋南地区发现的玉器来看，该地存在一个以玉石礼器为主要
随葬品的文化中心。从质料、器型、制作工艺方面看，清凉寺、
陶寺、下靳三地具有极大的相似性。从文化属性和来源上判断，
可能与同时期或略早的大汶口文化晚期、良渚文化、石家河文化、
薛家岗文化、海岱地区龙山文化等曾有密切的文化交流，后又经
吸收、融合创造出自身的独立特征，在山西南部形成一个新的玉

文化中心后，又对黄河以西的陕、甘、宁、青等地区产生了较大的冲击[1]，在玉器传播和发展线路上形成由南向北、由东向西逐渐发展的格局。其中在器型和工艺方面，海岱地区为主要的策源地，进而西传至晋南地区及陕北地区，最后直达甘青地区。玉料方面（即软玉类）则表现出由西向东传播的迹象，具体是甘肃料及天河石由甘青地区输出，经由陕北地区和晋南地区，最远可达海岱地区。其传播很可能是通过黄河及其支流的水路来实现[2]。而绿松石之"太行山西路"是陆路传播的典型代表，即陕西、湖北出产的绿松石制品通过"汾河谷地"北上，传播到东北，"太行山西路"及"汾河谷地"是南北史前文化互通有无的南北大动脉[3]。

尤其值得注意的是，清凉寺、陶寺、下靳三地的墓葬以玉石礼器为主要随葬品，实用陶器少见，偶尔使用陶器，也多是彩绘陶，这与晋南史前墓葬随葬陶器的传统因素相悖，体现了一种全新的文化理念，这种理念在山东大汶口、浙江良渚、安徽凌家滩等地都有例证，体现出那个时代的鲜明特点，同时也是意识形态领域的人文观念在考古遗存中的鲜明写照。

参考文献：

[1] 宋建忠.山西临汾下靳墓地玉石器分析[J].古代文明（第2卷），2003:121-137.

[2] 王强，杨海燕.西玉东传与东工西传——黄河流域龙山时代玉器比较研究[J].东南文化，2018（3）：86-95.

[3] 张登毅.中原先秦绿松石制品产源探索[D].北京：北京科技大学，2016.

后 记

　　山西庙底沟二期至龙山文化时期出土的玉器分布较为集中，主要发现于黄河流域晋南地区，即"最初的中国"。玉器随葬成为此期考古学文化的重要特征，是解构山西史前文明密码的载体。编者希冀以此为题，抛砖引玉，与学者共同探讨山西在中华文明探源工程中的地位和作用。

　　参与本书编写工作的有山西博物院的王晓丽、王瑞、王岳、解晋、呼艳、马晶晶、双瑞等。图片编辑由王晓丽负责。

　　在编写过程中，编者查阅了相关资料，特别是一些发掘报告，如《清凉寺史前墓地》《下靳史前墓地》《襄汾陶寺——1978~1985年考古发掘报告》《山西吕梁兴县碧村遗址出土玉器管窥》《坡头玉器》等，因行文基础资料需要，引用颇多。这些资料是省内外专家学者研究山西文物的主要收获，体现了他们对山西文博事业的关注和热爱，我们对他们的辛勤付出表示由衷的敬意。因发掘报告未出版，资料未能收集全面。因疏忽未能列出的参考文献及图片资料，请版权人见谅，并与我们联系。限于章节和编

后
记

者水平，有些地方未能进行深入研究。本书的缺憾
与不足之处，还请读者见谅！

　　该书编撰工作的顺利启动和实施得到张元成院
长及各位副院长的大力支持，也得到山西省考古研
究院王晓毅院长的大力支持。编写过程中，山西博
物院原院长石金鸣及王爱国、曹玉琪等研究员还提
出了不少修改意见，在此一并感谢。

图书在版编目（CIP）数据

玉汇中国：山西史前玉器 / 郭智勇著；山西博物院编 . — 太原：三晋出版社，2023.11

ISBN 978-7-5457-2631-2

Ⅰ. ①玉… Ⅱ. ①郭…②山… Ⅲ. ①古玉器—文化史—山西—石器时代 Ⅳ. ① K876.84

中国版本图书馆 CIP 数据核字（2022）第 194609 号

玉汇中国：山西史前玉器

著　　者：郭智勇
编　　者：山西博物院
责任编辑：秦艳兰
助理编辑：张靖爽
责任印刷：李佳音
装帧设计：我在文化工作室

出 版 者：山西出版传媒集团·三晋出版社
地　　址：太原市建设南路 21 号
电　　话：0351 – 4956036（总编室）
　　　　　0351 – 4922203（印制部）
网　　址：http://www.sjcbs.cn

经 销 者：新华书店
承 印 者：山西印美文化科技有限公司

开　　本：720mmx1020mm　1/16
印　　张：14.25
字　　数：150 千字
版　　次：2023 年 11 月　第 1 版
印　　次：2023 年 11 月　第 1 次印刷
书　　号：ISBN 978-7-5457-2631-2
定　　价：88.00 元

如有印装质量问题，请与本社发行部联系　电话：0351-4922268